「ひとり終活」は備えが9割

事例と解説でわかる「安心老後」の分かれ道

岡 信太郎

青春新書
INTELLIGENCE

はじめに

人口がピークアウトを迎え、日本の風景が一変しようとしています。未婚化などの進展により、単独世帯が珍しくない状況となっているのです。

総務省の推計によると、２０４０年には単独世帯の割合は、全体の40％に達すると予想されています。特に、65歳以上の単独世帯数の増加が顕著となっています。

単独世帯――世間一般では〝おひとりさま〟と呼ばれます。

おひとりさまが主要な世帯となっていく中で、社会基盤は整っているかと言えば、答えは限りなくノーに近いでしょう。

例えば、おひとりさまが病気で入院することになった時に困ることがあります。それは、単に心細いという心理的な面だけではありません。何と言っても入院における身元保証人の確保が難しい点が挙げられます。もし、おひとりさまに頼れる身内がいない場合、病院に受け入れてもらえない可能性があるのです。

入院だけではありません。施設に入るときもしかり、部屋を借りるときもしかりです。今は高齢のおひとりさまが住処《すみか》を見つけるのは大変なことなのです。

確かに、おひとりさまには誰にも干渉されずに自由に生きていけるというメリットがあります。しかし、その生活がいつまでも続く保証はありません。いずれは「人は1人では生きていけない」というタイミングが訪れます。

おひとりさまの増加を受け、国のほうでも社会基盤の整備に向けて、ようやく動き始めました。身元保証などを行う事業者の登録制度の創設を検討し始めたのです。とはいえ、まだまだ国の政策が追いついていない現状においては、おひとりさま1人ひとりが主体的に知識を得て、対策を取ることが求められています。

今の時代、おひとりさまこそ、「自分の身は自分で守る」という積極的な発想を持たなければならないのです。

そのためには、本書のタイトルにある通り、日頃からの準備が欠かせません。私は、これまで司法書士として多くのおひとりさまの相談に乗ってきた立場から、人生後半を自分らしく、安心して暮らしていくためには「ひとり終活」はマストだと確信しています。

100%の完璧な備えは難しいとしても、9割準備しておけば、何とかなります。一番よくないのは、先送りして何もしないことです。

このようにお伝えすると、「早速ひとり終活を始めよう！」となるわけですが、それが正しい準備でなければ〝絵に描いた餅〟になる可能性があります。

「終活」という言葉が知られるようになってずいぶん経ちますが、実は終活ほどその内容が漠然《ばくぜん》としたものはないかもしれません。

葬儀会社主催の葬儀体験ツアーに参加するのも終活、エンディングノートを作成するのも終活、遺言を作るため公証役場に行くのも終活……など、あれもこれも終活です。

このように終活の範囲が広いため、せっかくの終活が的外れなものになるリスクが潜んでいるのです。露骨《ろこつ》な終活ビジネスや犯罪に巻き込まれないように、気をつけておきたい点もあります。

本書では、まずこのような〝残念な終活〟について、あえて取り上げています。あなたやあなたの周りのおひとりさまが迷路に迷い込んでいないか、きっと参考になるはずです。

また、終活を行うにあたっては「何から始めたらいいのかわからない」という質問を多く受けます。そこで本書では、「こんな時に安心！」という具体例を示し、おひとりさまが抱える不安に応えられるように構成しています。

その上で、「ここまでやっておけば大丈夫」となるように、現場での実務経験をもとに、事例と解説を織り交ぜ、対策についても述べました。

最初から読み進めていただいても大丈夫ですし、今抱えている不安に当てはまる章から読んでいただいてもかまいません。図表や実際に使われる契約書・遺言書も記載していますので、イメージをつかんでいただけたら幸いです。

本書を手に、ひとり老後を「安心老後」に変える備えを進めていきましょう。

『「ひとり終活」は備えが9割』目次

2章 病気、入院の「もしも」に備える
不安が消える「見守り」と「財産管理」

3章 認知症の「もしも」に備える
いざという時に役立つ「後見人契約」

4章 自分の手で人生をしまうための前準備

亡くなったあとの手続きを託す方法

5章 自分らしい人生をつくる遺言と相続

押さえておきたい「おひとりさま」ならではのポイント

本文デザイン／青木佐和子

1章

「ひとり終活」の分かれ道

備えておけば「安心老後」に変わる！

「ひとり終活」を始める人が増えている背景

「終活」という言葉が、日頃から頻繁《ひんぱん》に使われるようになりました。ある週刊誌の編集者が、「終活について特集すると部数が伸びる」と言っていたのが、印象に残っています。

今や日本の人口構造は大きく変わりました。少子高齢化が進みに進み、人口構造における世代間比率が激変したのです。特徴的なのが、生産年齢人口（15～64歳）の割合が減少する一方で、シニア層（65歳以上）が分厚くなっていることです。

実際、普段生活している街中を見渡すとどうでしょうか？　介護施設やデイサービスの看板を掲げた建物を目にすることが多くなっていないでしょうか？　幼稚園バスより、デイサービスの送迎車を見かけることが圧倒的に増えたと感じるのは、筆者だけでしょうか？

かつては高級住宅街と呼ばれたエリアでも、変化が表れています。そうです、空き家や所有者不明の不動産が増えているのです。いわゆる〝歯抜け状態〟となっている地域も珍しくありません。

このような社会的背景から、週刊誌をはじめさまざまなメディアで終活が取り上げられています。大型書店に行けば、必ずと言っていいほど終活コーナーがあります。自治体においても、終活にまつわる窓口が設置されるようになってきています。

かくいう司法書士である筆者のもとにも、終活に関する相談をされる依頼者が増えています。特に筆者が執務を行う北九州市は、政令指定都市の中でも最も高齢化が進んでいる都市といわれています。かつて製鉄で栄えた北九州市も、65歳以上の人口が3割を超えています。相談は増える一方だと実感している次第です。

その中で近年、特に目立ってきたのが、「おひとりさま」からの相談です。

自分が入院した時に頼れる人がいない、認知症になった時に誰が動いてくれるのか、葬儀の希望があるがどこに頼めばいいのか、相続人がいないので自分の財産はどうしたらいいのか……などなど、皆さんさまざまな悩みを抱えて来られます。これからはおひとりさま1人ひとりのお悩みに、しっかりと対応できる執務姿勢が求められていると感じています。

おひとりさまが増えている背景については、いろいろな要因が挙げられます。冒頭で述べた少子高齢化に加え、生涯未婚率の上昇、離婚者数の増加、核家族化の影響などです。理由はどうであれ、確実におひとりさまと呼ばれる方は増えているのです。終活をさらに分けるとすれば、「ひとり終活」というカテゴリーが確立されていると言っても過言ではないでしょう。

これは各種の統計を見ても明らかです。例えば、令和4年版厚生労働省白書によると、50歳時点で一度も結婚をしたことがない人の割合は、1985年では男女とも5%未満でした。それから35年後の2020年には、男性28・3%、女性17・8%となっています。

もちろん、未婚の方だけではありません。夫婦であっても必ずいつかは1人になります。子どもがいない夫婦であれば、実は「おひとりさま予備軍」と位置付けられるのです。

もう1つ付け加えるとすれば、「親の面倒は長男が見る」といったような家族主義の風潮が薄れてきていることです。親族間のあり方も、昔の日本に比べると希薄になっている現状があります。これは、これまで家族や親族が人生の最後をサポートしてきたけれども、実際のところ「家族」に頼めない人が増えていることを意味します。

今まさに、おひとりさま1人ひとりが積極的に「ひとり終活」をしないといけない時代に突入しているのです。

〝安心な終活〟と〝残念な終活〟の分かれ道はどこにある？

先ほど、終活の中でもおひとりさまからの相談が増えているとお伝えしました。司法書士業務を行っていると、ほぼ毎日のように相談を受けている状況です。

このようにお伝えすると、「毎日なんてことがあるの？」と思われる方もいらっしゃるかと思います。

もちろん、おひとりさま本人からの直接の相談だけではありません。単身で暮らす叔母を心配した姪《めい》から、自分が亡きあとの妻の身の上を不安視する夫から、在宅の方をサポートしているケアマネージャーから、身寄りがない入居者がいる施設の担当者からなど、各方面からの相談に乗らせていただいています。

なかには、開口一番に「終活の相談に来ました！」とおっしゃる依頼者の方もおられます。終活という言葉だけですと漠然とした印象を受けてしまい、どのようにアプローチしたらいいか戸惑うことがあります。しかし、依頼者の話をよく聞いてみると、おひとりさまであるがゆえに、将来に対する不安を抱えていることがよくわかります。

「子どもがいないので、代わりに動いてもらえる人を立てておきたい」
「家や財産の整理をしているが、最後まで自分でできるかわからない」
「親の面倒を見てきた独り身の自分はどうすればいいのか」

など、心の内に分け入ってみると、日常生活を送りつつも悩んでいることが伝わってきます。

それらの相談の中には、早めに対策を取りうまく解決できたケースもあれば、時すでに遅しではないですが、終活がしっかりとできないまま終了してしまうケースもあります。

そこで、まずは終活を始めようとしたものの、結果的に〝残念な終活〟となってしまった事例についてお話ししていきます。

なお、これから事例で登場する人物はすべて架空の人物であり、守秘義務に反しないようにストーリーを展開しています。

終活事例❶――エンディングノートには法的効力がなかった！

子どもはいないが、これまで妻と2人で楽しく過ごしてきたNさん（78歳）。若い頃は結婚式など慶事によく呼ばれていましたが、最近はすっかり弔事が多くなったとしみじみ感じています。

先日も会社員時代に同僚だった知り合いが亡くなったと連絡があり、葬儀に参列しました。息子さんが喪主になっていて、自分の場合は妻がなるのかと思わず想像してしまいました。

子どものいない自分たちは何か準備したほうがいいのだろうと、漠然とは考えています。とはいえ、何から準備したらいいのか、よくわかりません。

あまり考えすぎると気がふさいでしまうので、そこまで深刻にならないようにしようと思い直しました。それよりも今を楽しんだほうがいいだろうと気分を改めることにしたのです。

そんなふうに思い及んでいたちょうどその頃、地元で同窓会があると案内状が届きました。5年に1回開催されている同窓会で、Nさんは毎回参加しています。仲の良い友達とは同窓会以外でも会っているのですが、やはり同窓会でみんなが集まるとひと味違います。今回も出席で返事をしました。

同窓会当日、Nさんは5年前とは様子が異なることにすぐに気がつきました。まずもって、自分の世代の参加者が減っているのです。幹事をしている同級生に聞いてみると、「○○は入院している」「○○は去年亡くなった」など思いもよらぬ情報が入ってきます。自分もそういう年齢になったのかと実感しました。「髪がなくなって誰かわからん」などと冗談を言い合っていたのがウソみたいです。

同窓会のあと、Nさんはふらっと書店に立ち寄りました。店内をウロウロしていると、終活コーナーが目に止まりました。そこには、関連本がたくさん置いてあります。

これまでであれば見向きもしなかったNさんでしたが、同窓会に参加したことにより気持ちの中で少し変化がありました。並んでいる本のタイトルを見ていると、「エンディングノート」と書いてあるものがありました。

中身をめくると、所有している財産や口座がある銀行の情報、葬儀に関する希望、家族への感謝の言葉などが書き込めるようになっています。まえがきを読んでみると、「全部記入する必要はなく、書けるところから書いて大丈夫」とあります。

同窓会では終活にも話が及び、「家族のためにエンディングノートは書いたほうがいい」と友人が言っていたのを思い出しました。これも何かの縁だと思い、購入することにしました。

後日、エンディングノートを書店の袋から取り出しました。せっかく買ったのだし、少し書いてみることにしました。億劫《おっくう》になるのも嫌だったので、細かいところは気にせず書けそうな箇所を探しました。

自分の情報については妻が知っているだろうとページを飛ばしながら、財産は誰に遺《のこ》したいかといった内容のページがあったので、そこは書き込みました。財産の内容を記し、遺す相手は妻としました。その他にも書けそうなところは記入し、Nさんは「自分としてはよくやった」と満足しました。

ただこの時、説明書きをよく読んでいなかったので、大きな見落としをしてしまいまし

た。注意書きに、

「エンディングノートは財産や自分の気持ちを整理し、大切な家族にそれらの情報を伝えることを目的としています。これをもとに法的効力がある遺言の作成などを検討しましょう」

とあったのをNさんは気にとめることなく、確認を怠《おこた》ったのです。

その後、Nさんは亡くなってしまったのですが、エンディングノートは遺言として使えませんでした。

Nさんの相続人は、妻であることに変わりはありません。しかし、子どもがいないNさんの場合、Nさんの兄弟や姉妹も相続人となります。Nさんは子どもの頃に養子となり、実際の親との間にも兄弟がいたのです。相続人が複数いることが、その後の調べでわかりました。

妻はまず、その兄弟や姉妹の連絡先を調べる必要があります。連絡がついたとしても、今度は事情を説明し、遺産分割に関し同意をもらわなければなりません。連絡がついたらエンディングノートを見せようとは思うのですが、果たしてどこまで考慮してもらえるか未知数な状態です。

終活事例❷──終活を先送りしたまま、1人残された認知症の夫

市営住宅に住むDさん夫婦（夫66歳、妻74歳）は、夫婦水入らずで暮らしています。

2人は同じ職場で出会い、職場結婚しました。働いている頃は一緒に職場に行くことも多く、これまで夫婦共有の時間を長く過ごしてきました。

夫のほうは仕事一筋の人で、趣味といえる趣味はありません。仕事が終わって家に帰りお酒を飲むくらいが唯一の道楽でした。職場以外で人と接することもなく、外に行く際はいつも妻と一緒です。

先日お墓参りに行った際、たまたま住職と会いました。妻は自分たちが夫婦2人だけであることを心配し、今あるお墓や永代供養《えいたいくよう》のことをこの機会に相談しようと思いました。お寺と話ができるちょうどいい機会だと思い、夫に、

「あなたも来て、ご住職さんにいろいろ教えてもらいましょう」

と呼びかけましたが、

「俺はいいよ。代わりに話を聞いといてくれ」

と足早にお寺の門を抜け、1人タバコを吸い始めました。

こんな感じで、夫が将来のために何か準備するようなことはありません。すべて妻任せで我関せずの状態です。もともと人と接するのが苦手だったので仕方ないとは思いつつ、そろそろ将来のことを考えねば、と妻は心配しています。

将来のことにこれっぽっちも関心を示さない夫ですが、仕事は一所懸命にしてくれたおかげで、幸いお金の心配をする必要はなさそうです。住宅を購入することもなく、質素に暮らしてきました。何かあればこれまで貯めてきたお金で対応できるだろうという安心感はあります。

いずれにせよ、夫は自分がいなければ何もできない人だとわかっています。自分のほうが年上だけれども、男性のほうが先に逝《い》ってしまうことが多いので、「自分さえしっかりしていれば何とかなるだろう」というのが妻の考えでした。

そんな折、夫の体調に異変が出ます。手足が痺《しび》れ、思うように体が動かなくなってしまったのです。これまでお酒やタバコを嗜好《しこう》してきたこともあり、夫は糖尿病を抱えていました。年齢とともに高血圧も重なり、入院しなければならなくなったのです。

医師の診断では、糖尿病が進行した結果、血管が詰まって動脈硬化を起こし、合併症を発症しているとのことでした。脳梗塞も起こしており、認知症が進行しているとの説明を受けました。

確かに、言われてみると、最近ますます自分で動かなくなったと感じていました。夫の性格によるものだと安易にとらえていましたが、知らず知らずのうちに認知症が進行していたのです。

夫が入院したあとは、毎日のように病院に通う妻。ただ、住宅が坂の上にあり、若い頃はよかったものの、今は負担となります。タクシーを使うことも検討しましたが、夫婦2人の老後にはお金が大事という認識が強く、そこにお金を使う気にはなれません。変わらず1時間に1本のバスで病院に向かいます。

いよいよ夫が寝たきり状態になってきました。そして、リハビリを嫌がるようになっていると担当者から連絡がありました。自分が行かなければ、と妻は焦るばかりです。体調を崩しながらも、何とか毎日病院に向かいます。

そんな状況が続いていたある日、妻は病院に行けないほどに体調を崩してしまいました。介護疲れで心身ともに疲れきってしまったのです。ますます不安が募り、夜も眠れないようになってきました。そんな中にあっても、夫のためにしっかりしなければと自分を奮い立たせました。夫には自分しかいない……。このままではいけないと、妻は睡眠薬を多用するようになってきました。

そして、ついに不幸が起こります。薬の影響かどうかはわかりませんが、妻が亡くなってしまったのです。

夫のことは自分が最期まで見ると考えていた妻のほうが、先に亡くなってしまう事態となりました。想定していなかったことが現実に起こってしまったのです。

残った夫のお世話は、これからいったい誰がするのか……?

今後のことを夫に確認することも、もう難しくなっています。

終活事例❸――知人にキャッシュカードを預けたら、使い込まれた

マンションで1人暮らしをしているUさん（80歳、女性）。結婚経験はあるものの若い時に別れ、その後は独身を貫いています。

1人暮らしとはいえ、元来が活動的で交友関係が広かったUさん。友達も多くいて、月に数回は気の合った人達と食事会をしています。旅行に一緒に行くこともあります。これまで1人で寂しいと感じたことはありませんでした。

Uさんの家に訪ねてくる人もたくさんいます。その1人が男性のEさん。Uさんとは10年前に陶芸教室で知り合いました。年齢もそこまで離れておらず、Uさんの話を親身になって聞いてくれるので、とても信頼している人物です。

まだまだ自分のことは自分でできるUさんでしたが、ある時、腰を痛めてしまいました。以前も痛めた場所で、状態が芳《かんば》しくなく、思うように動けません。

そんな中、光熱費に関する納付書が届きました。引き落としにしておらず、コンビニ払

いとなっていました。他にも定期的に頼んでいるサプリメントの請求書も届いています。

今の状態ではコンビニに行くことすら、かなりの負担となります。どうしたものかと憂慮していたら、またEさんが家に訪ねてきました。「腰の状態はどう?」などとUさんの体のことを気にかけてくれます。そして、

「困ったことがあれば、自分が代わりにするよ」

と言ってくれました。そこで財布からお金を取り出して、支払いをEさんに頼むことにしました。

Eさんはすぐに動いてくれて、たまっていた請求書の支払いがすべて終わりました。自分ができないことをすぐにやってくれて、Uさんはとても安心しました。やはり知り合いが多いと困った時に助かるなと実感しました。

それ以降、支払い関係はEさんにお願いすることにしました。ただ、手持ちの現金がなくなってきたので、銀行からお金を下ろして支払いをするようお願いしました。Eさんは銀行からの出金もやってくれるというので、キャッシュカードを預けることにしました。

そして、暗証番号をメモしてEさんに渡しました。

そういったやり取りを数ヵ月続けて、ようやくUさんの腰の状態がよくなってきました。以前のように友達と食事に出掛けられるようになったのです。日常に戻った感じがしています。

家のことをEさんにお願いすることができたおかげで、自身は治療に専念できたので、UさんはEさんにとても感謝しています。これから先も何かあればEさんに頼めばいいとわかり、安心しきっていました。

友達との食事会で、今度また旅行に行こうという話になりました。しばらく旅行に行けていなかったので、Uさんは大喜びです。具体的な旅行先も決まり、旅行会社への手配は友達の1人がしてくれることになりました。

旅行代を預けようとUさんは銀行に行き、少し多めにお金を引き出しておくことにしました。ATMでEさんから返してもらったキャッシュカードを使い、お金を引き出して銀行を出ようとしましたが、しばらく通帳の記帳をしていなかったことを思い出しました。

ちょうどいい機会だと、今度は通帳をATMに入れて記帳を行いました。通帳への印字作業が続き、少し間がありました。ATMから出てきた通帳の中身を確認したUさんは、驚愕《きょうがく》の事実に気づきました。残高を見ると、Uさんが考えているよりもかなり少なくなっているではありませんか！

慌ててここ数カ月の入出金明細をチェックしました。そうすると、何と10万円、30万円といった大きな数字が出金欄に記載されています。「何なの⁉ この数字は」と混乱しましたが、すぐに見当がつきました。通帳をEさんに預けていた期間に勝手に引き出されていたのです。

急ぎ自宅に戻り、Eさんに連絡を入れました。ところが、「この電話は、お客様のご希望によりおつなぎできません」というアナウンスが流れるだけで、一向につながりません。

Uさんは旅行どころではなくなってしまいました。

終活事例❹——姪をあてにしていたが「身元保証人」を頼めない

施設の見学に駆けつけてくれたIさん（82歳、男性）の姪。

契約にも立ち会うと言ってくれたので、同席してくれるよう連絡を入れていました。

Iさんは、その流れで入所契約に必要な保証人にもなってくれるものとばかり、安易に考えていました。親族なら当然だろうという先入観を持っていたのです。

ところが、いざ契約の話になり、施設担当者が「保証人は今日来てくださっている姪御さんでよろしいでしょうか？」と尋ねた途端、姪の顔がこわばってしまいました。契約書に記載された月々の支払い額や病院への付き添いが必要になるなどの説明を聞き、姪は戸惑っていたのです。

追い打ちをかけるように、保証人になる人に印鑑証明書の提出を求められました。姪は、自分自身の家族のこともあるのに、そこまでするつもりはないというのが本音です。すっかり気持ちが後ろ向きになってしまっており、「保証人まではできない」とどう伝えたらいいかと、たじろいでいました。

Iさんは、煮えきらない姪の態度に憤慨《ふんがい》してしまいました。ここまで来て、なぜ拒むのか……。消極的な姪の姿を見て、

「もういい。あなたには頼まない」

と思わず言い放ってしまったのです。

実は、姪とは日頃から親しい付き合いがあるという間柄ではありませんでした。比較的近くにいるということと、姪というただそれだけの理由で、施設の入所契約に立ち会ってもらったのです。

Iさんの発言により、姪に頼む道が完全に閉ざされてしまいました。ただでさえ細い糸が、いとも簡単に裁《た》ち切れとなったのです。

せっかく施設を見つけ、いざ入所というところまで来て、話がストップしてしまう状況となりました。

保証人がいないということで、いったん入所は保留となりました。ただ、元いた家はもうすぐ賃貸借契約が終了し、出て行かないといけません。何としても、次の住居を確保する必要性に迫られています。

後日、入所に関して施設の担当者が上の人と話をしてくれ、保証金として40万円を別に支払うことで、何とか受け入れが可能となりました。

しかしながら、施設に入ればこれで終わりというわけではありません。今後も保証人や付き添いが求められる場面は出てくるはずです。

「もし自分の身に何かあった時、いったい誰が対応してくれるのか？」と、心配でたまらなくなりました。

今回のことで姪があてにならないことがわかった今、Ｉさんは自分がおひとりさまであることを改めて実感したのです。

＊＊＊

この事例のように、普段付き合いのない親戚をあてにするのは危険といえます。

おひとりさまでも、甥《おい》や姪がいる人は多いでしょう。

しかし、人には人の思いや事情というものがあります。自分たちの家族のことで手いっぱい、遠方にいて頻繁に動くことはできないなど……。親族であれば当たり前とあてにしていては、思わぬ落とし穴に陥ることが十分あり得るのです。

もしお願いするとしても、どこまで頼めるのかよくよく確認をしておかなければなりません。ふとしたひと言で関係が悪化しないような配慮も求められます。

親族に頼めるのかを含め、まずは自分できちんと今後のシミュレーションを行いましょう。そして、事情に応じて対策を取ることが先決です。それが、自分の人生を守ることにつながります。

実際に取り得る対策については、2章以降で詳しく解説していきます。「ここまでやっておけば安心」となるよう、それぞれの角度から見ていきたいと思います。

「ひとり終活」が必要なのは、単身者だけとは限らない

ひとり終活が必要なのは、完全な単身者だけでしょうか？

答えは、ノーです。

ひとり終活の落とし穴に陥りやすいケースとしては、何と言っても「子どものいない夫婦」が挙げられます。

夫婦で来られた依頼者と話をしていてよく出てくる発言が、「私たちは夫婦2人だけですから」というものです。パートナーがいるからということで安心しきっている方がいら

っしゃいます。

どちらかが入院するとなれば他方が対応する、介護状態となれば元気なほうが支える、もしどちらかが亡くなれば他方がすべて引き継ぐ、といった暗黙の了解がそこにはあります。

確かにパートナーがいるというのは、とても心強いことです。お互いの絆《きずな》は十分に尊重されるべきです。

では、また質問です。

夫婦であれば、同時に亡くなるでしょうか？

ニュースで、夫婦が交通事故や災害により不幸にも亡くなってしまったと報道されることがあります。しかし、それは本当にまれなことで、通常は同時に亡くなるケースは考えにくいものです。どちらかが先に亡くなるのが宿命と言っても過言ではないでしょう。

そうです。いつも2人で支え合ってきたとしても、子どもがいない夫婦は、どちらかがいずれ1人、つまり「おひとりさま」になるのです。

いつまでも2人だと思っていると、いざという時に慌てふためくことになりかねません。

さらに言えば、男性のほうが先に亡くなると想定しがちですが、それについても誰も断定できるものではありません。「終活事例❷」（23ページ）のように、妻が先に亡くなることも珍しくないのです。

また、仮に子どもがいたとしても、核家族化により離れて暮らす親子が増えている今は、子どもに頼れないケースも多くなっています。

子どもが海外で暮らしている、子どもが病気になっている、疎遠になっているなど、子どもがいたとしても子どもに頼れない状況も想定されます。

夫婦2人や子どもに頼れない状況で、パートナーがいなくなった時に、1人となった自分は誰を頼るのか？

自分が亡くなった時に、残された夫、または妻の身の上をどうするのか？

これらは夫婦2人であったとしても、自分事として十分に検討しておかなければならない課題なのです。

「事実婚」などイレギュラーなケースこそ、法律を味方につける

近年では多様な考え方が広がり、夫婦別姓を希望する人や、法律婚にメリットを感じず、事実婚を貫く方が増えています。また、以前にも増して、同性カップルを認めようという意見が強くなってきています。

その是非は別として、日本では姓を同じくする法律婚が重視されており、夫婦別姓や同性婚に対する法整備は進んでいないのが現実です。

だからこそ、そうしたニーズがある方は、法律を味方につけてほしいと考えています。というのも、先ほど述べたように、日本では役所に婚姻届を出した法律婚に重きが置かれているからです。たとえどんなに長く一緒に事実上の夫婦として暮らしていても、その夫婦に相続権は発生しないのです。

パートナーに相続権が発生しないということは、もしパートナーが亡くなれば、その財産はパートナーの両親に行ってしまうということです。両親は先に亡くなっていることが

多いでしょう。その場合、パートナーの兄弟や姉妹、あるいは甥や姪に財産が渡ってしまうのです。

事実上の夫婦にとって、こんなに理不尽なことはないのではないでしょうか？

そこで、知っておいてほしいのが法律なのです。良くも悪くも法律を知っておくことが役立ちます。

繰り返しになりますが、日本の法律は法律婚が優先するような形となっています。戸籍上の夫婦でなければ、死亡届を出すこともできません。ましてや入院や手術の際の同意書にサインすることも難しいと思われます。

頼まれて財産を管理していても、必ず関係性を尋ねられ、籍が入っていないと受け付けてもらえない可能性が高いでしょう。金融機関から〝他人〟と判断されれば、入院や介護のためであっても手続きをすることは困難なのです。

一方で、法律を知ることで、対応策を取ることができるという側面もあります。

例えば、相続権が認められないとしても、お互いに生前に契約を結ぶことは可能です。生前贈与といって、パートナーに遺したい財産を事前の契約で譲渡しておくのです。２人に契約の意思があれば、相続人の同意などは不要です。

もちろん、贈与となれば税金のことが絡んできます。そこは税理士と打ち合わせるなどして、負担が少ない方法で手続きを進める方法もあります。

任意後見契約を結び、法律に基づいた権限を付与してもらうこともできます。事実上の夫婦であり、かつ後見人として、代わりに財産管理や契約を行うことができるようにするのです。

他にも、遺言を作成して、お互いに財産を遺す方法も考えられます。「遺贈《いぞう》」といって、相続人以外の人や団体に遺産が渡るようにすることもできるのです。早い段階で遺言を作っておけば、もしもの時に備えることができます。

まずは、「原則では法律ではこうなる」というのを押さえておきましょう。それにより、想定外を防ぐことにつながります。そして、それでは自分たちの思いが実現できない場合は、他の法律や制度を使えないか検討するのがよいでしょう。

もっとも、書籍などで情報収集することも大事ですが、法律の専門家に相談することをおすすめします。

法律の専門家には、弁護士や司法書士などがいます。税金のことであれば、税理士に相談することができます。もしこうした知り合いがいない場合には、弁護士会や司法書士会が行っている無料相談会で一度相談してみるという手もあります。

専門家からアドバイスをもらい、法律を味方につけて備えておきましょう。

「ひとり終活」の始め時はいつ？

2013年に人気カリスマ予備校講師による「いつやるか？　今でしょ！」というフレーズが、「新語・流行語大賞年間大賞」を受賞し、脚光を浴びました。

ひとり終活についても、ぜひ、このフレーズのように進めていきたいものです。といっても、なかなか重い腰を上げられないのも事実です。

それもそのはず、自分が弱ったり亡くなったりしたあとのことなど、できれば考えたくないのではないでしょうか？

ましてや周りから「ちゃんとしておいたほうがいいよ！」とプレッシャーをかけられれ

ばかけられるほど、やる気がなくなってしまうのが人情というものです。

「今でしょ！」よりもっと昔の1961年、植木等《うえきひとし》さんの「スーダラ節」という歌が大ヒットし、その中に出てくる「分かっちゃいるけどやめられねぇ」という言葉が人々の心をつかみました。終活に置き換えると、「分かっちゃいるけど手をつけられない」といったところでしょうか。

実際、なかなか手をつけられない依頼者の方から、「何歳になったら終活を始めたらいいでしょうか？」と尋ねられることが、しばしばあります。

結論から言えば、早ければ早いほどいいと断言できます。

これまで、終活を始めようと思った矢先に入院してしまったり、要介護状態となったり、急逝してしまったりした方々をたくさん見てきました。自分の思いを実現できないまま、人生の終盤を迎えてしまうのです。

なかには、80代の子どもがいないご夫婦で、奥さんはしっかりと終活を進めようとしていたのに、夫のほうが突如その必要がないと判断し、手続きがストップしてしまったこともあります。夫にも手続きの内容や意義をお伝えしましたが、最後まで理解してもらうことができませんでした。

もちろん進めるかどうかは依頼者の自由です。しかしながら、「もっと早くやっていれば……」「何かしら手を打っていれば……」と思ってしまう事案は枚挙にいとまがありません。

そもそも、終活という言葉が持つ意味は広く、決めなければならないことはたくさんあります。一朝一夕にできるものではないのです。

これまでの自分の人生を見つめ直し、これからの人生設計を行うのが本来の終活です。一定の手間や時間がかかることは理解しなければなりません。

早ければ早いほどいいと言ったのは、気力・体力があるうちでないと進められないからです。いずれにせよ、「思い立ったが吉日」ととらえておきましょう。

終活を始めるきっかけは、知り合いが始めた、親戚が亡くなった、認知症の人が事故に巻き込まれたニュースを見てなど、何でもいいと思います。まずは、行動に落とし込むことが重要です。

「何歳から始めたらいいのか？」という質問に対しては、健康寿命を目安にすることを提案しています。

健康寿命とは、介護や支援を受けずに日常生活を送れる時期のこと。統計の年によって差がありますが、72歳から75歳の間で推移しています。このあたりの年齢を基準に「ひとり終活」を始めるのが理想です。

決して平均寿命を基準にしてはいけないということは、明確にお伝えしておきたいところです。ちなみに、厚生労働省の推計によると、2022年の日本人の平均寿命は、男性が81・05歳、女性が87・09歳となっています。

ではなぜ、平均寿命では遅いのでしょうか？

平均寿命の段階になると、持病が悪化したり、介護が必要となったり、認知症を発症している恐れがあります。

先ほど述べた気力・体力が低下するのもこの頃です。いろいろな説明を聞く、書類を確認する、資料を揃えるといったことが難しくなっている可能性があります。

「もっと早くやっていれば」とならないよう、「いつやるか？　健康寿命まででしょ！」という言葉を胸に刻んでいただければと思います。

2章

病気、入院の「もしも」に備える

不安が消える「見守り」と「財産管理」

2章で解説する「ひとり終活」のポイント

こんな時に安心！

- □ 独り身で、子どもや身寄りがいない
- □ 配偶者と死別、子どもとの間も疎遠になっている
- □ 認知能力の変化を、第三者の立場から見てほしい
- □ 夫婦のどちらかが先に亡くなり、今後の生活が心配
- □ 早い段階で第三者と接点を持っておきたい

見守り契約

- ・電話や面談などで月1～2回ほど連絡し、依頼者を見守る
- ・財産管理や任意後見の契約と一緒に結ぶのが一般的
- ・財産管理の委任などを始める時期の見極めに役立つ
- ・独り身の人にとっては、定期連絡がライフラインになる

こんな時に安心！

- □ 入院して銀行に行けない時、代わりに行ってくれる人がいない
- □ 病気やケガで身動きが取れない時、お金の支払いを頼める人がいない

財産管理等委任契約

- ・預金通帳を管理し、本人の代わりに銀行に行ってくれる
- ・本人の代わりに、各種の支払いを代行してくれる
- ・財産を預かるだけでなく、報告や帳簿の作成が義務づけられている

高齢者の1人暮らしに潜むリスク

高齢者の周りには、たくさんのリスクが潜んでいます。

なかでも身体的なものとして、〝転倒リスク〟が挙げられます。

転倒はバリアフリーがある介護施設でも起こり得ます。まして、自宅ともなると、より一層その確率が高まります。

どれだけ注意していても、どれだけ対策を取っていても、どこかに死角は潜んでいることを再確認する必要があります。

以前、1人暮らしをしているご高齢の方のご自宅を、その方の娘さんと訪ねた時のことです。年齢は90歳を超えていたのですが、自分の足でスタスタ歩かれ、頭の回転も速く、

「とってもお元気なお父さんですね！」

と娘さんに伝えました。

すると、思わぬ答えが返ってきました。

「実は、半年前に転倒して顔を骨折し、手術をしたのですよ。しばらく顔全体が青くなっていてかわいそうでした」

と、家の中で転倒され、手術をされた経緯をお話ししてくれました。

ひと口に高齢者と言っても、今は元気な方がたくさんいらっしゃいます。しかし、一見1人で何でもできるように見えても、足腰やバランス感覚といった身体機能は年齢とともに低下していることを見過ごすことはできません。

転倒で怖いのは、何といっても転倒の際に頭を打ってしまうことです。そこから脳の病気につながり、長期入院となり、要介護状態に至ることもないとは言えません。

幸い頭を打たずに済んだとしても、長期入院により自分で生活する力が落ちてしまうこともあります。

入院が続けば、身体機能の低下だけではなく、認知症が進むリスクもあります。

転倒を1つの例としてここまで挙げてみましたが、それだけではありません。高齢者の暮らしに潜むリスクは実に多種多様です。

振り込め詐欺《さぎ》のような金融犯罪のターゲットとなるのも高齢者です。

高額のお金を他の口座に移そうとしたら、警察を呼ばれたり聞き取りをされたという話もよく聞きます。笑い話で済めばいいですが、大事な老後資金を詐欺的な投資話で失うといった事件が多く報告されているのが今日の現状です。高齢者は犯罪の対象になりやすいのです。

そして、高齢で、かつ1人暮らしとなると、これらのリスクはさらに増大します。

考えてみれば、1人暮らしの状態で転倒や病気で本人が倒れた時に、誰が緊急の連絡をしてくれるのでしょうか？

犯罪に巻き込まれそうになった時に、誰が待ったをかけてくれるのでしょうか？

不安をあおるつもりは毛頭ありませんが、次から次へとリスク要因が浮かんできます。

ひと昔前のように近所付き合いや地域のコミュニティーがしっかりしている時代であれば、近隣で助け合うこともできたでしょう。

しかし、今は隣の人が誰なのかさえわからないというくらい、近所付き合いは希薄になっています。また、昔はお付き合いがあったエリアであっても、周りの人がすでに施設に入っていたり、亡くなってしまっていたりするのが現実ではないでしょうか。

日本社会が縮小するにつれ、マンションの所有者が不明、かつての住宅街が歯抜け状態、公団の住民は高齢者ばかりなどという事象が顕著になってきています。

このような時代、高齢の1人暮らしは〝陸の孤島〟となる要素をはらんでいます。

その先に行き着くもの――それは、誰にも見守られず、誰にもサポートしてもらえず、1人で亡くなってしまう孤独死かもしれません。まさに最大のリスクが待っている可能性があるのです。

行き着く先が孤独死となることがないよう、高齢の1人暮らしに潜むリスクの芽を1つひとつ摘んでいくことが求められています。

終活事例❺――突然死に気づいてもらえなかった、1人暮らしの女性

両親を看取《みと》ったTさん（71歳、女性）は1人っ子だったため、今度は自分の身の上を考え始めました。

両親の老後を1人で見てきたことからも、その大変さを人一倍感じていました。

その一方で、遺産相続については、自分1人が相続人だったことから、割とスムーズに進めることができました。とはいえ、親の遺産を引き継いだものの、自分の財産については引き継ぐような兄弟や姉妹もいません。そのため、何かあれば宙に浮いてしまうことがわかっています。

1人になった今、Tさんは終活を始めることにしました。

どこから手をつけたらいいのかわからないなりにも、とにかく身軽になったほうがいいだろうと感じていました。

まずは、相続した実家。今は自分が住んでいますが、親戚一同が集まることができるくらい広い家です。1人では持て余してしまいます。開放的なのはいいのですが、ドアや窓が多くて防犯上好ましくありません。

そこで、思いきって自宅は売却することにしました。売却に伴い、自宅の中の整理ができたのでスッキリした気がします。

次に取りかかったのが、通帳を整理することでした。働いていた時の付き合いで、いらない通帳を含め5冊の通帳を作っていました。

それを生活口座のものと何かあった時の積立用とにまとめ、2冊にまで減らしました。不要な通帳がなくなり、また1つ身軽になった気分です。

あとは、両親の墓じまいでした。お寺に納骨堂を購入し、そこに新たに入れてもらいました。自分も何かあればそこに入ることができるので、気持ちがより一層楽になりました。

自宅を売ったあとのTさんは、公営住宅で部屋を借りて生活しています。固定資産税の支払いがなくなり、自宅のように定期的に家の修理の心配をする必要がなくなりました。

これでようやく身軽になったなと感じていました。

Tさんは、まだまだ体は元気なので、しばらくは公営住宅で1人暮らしをする予定にしていいます。どこか体が不自由になったら、施設に入るなりしようと計画していました。

そんなTさんのポストに、ダイレクトメールやチラシといった郵送物がたまり始めました。

まだ公営住宅に入ったばかりで、近所の人もTさんのことをよく知らない人ばかりです。何となく気になるものの、誰が声をかけるわけでもありません。

ポストの入り口からダイレクトメールやチラシがあふれ始めた頃、近くの人が異臭に気づきました。季節は冬だったのですが、これまで嗅いだことがないような臭いがTさんの部屋からしてきたのです。

公営住宅の管理部に連絡をし、部屋を確認してもらいました。その後は警察が公営住宅に来て検視が行われました。

Tさんは誰にも気づかれずに、1人、部屋で亡くなっていたのです。それも死後1カ月が経過したあとの発見でした。

ひとり終活アドバイス

Tさんは自立していて、福祉関係者との接点を持っていませんでした。自立できていたので安心し、見守りなどを頼んでいなかったのです。極めて外部との接触が少ない状況に陥っていたといえます。

見守ってくれる人がいないと、体調の変化や早期の生存確認が期待できません。

高齢の1人暮らしの場合、実は孤立していた、とならないよう対策を講じておくことが重要です。近所の人などと普段から交流を持っておくと、いざという時に助かるはずです。

生存確認をしてくれる人がいないなら、「見守り契約」の利用を検討しましょう。

終活事例❻――加入していたのに活かされなかった高齢者サポートサービス

夫が亡くなって以降、自宅で1人暮らしをするYさん（83歳）。

長男が1人いたのですが、働き盛りの50代で若くして他界してしまいました。長男は結婚しておらず、Yさんは独り身の状態です。

親族としては兄がいるのですが、遠方に住んでいます。以前はよく電話をかけていましたが、兄の持病が悪化し、入退院を繰り返すようになっています。様子が気になり、何度か電話をしてみました。兄の奥さんが出るのですが、兄の状況についてあまり詳しく教えようとはしません。

いよいよ兄とも連絡が取れなくなり不安になったYさんは、いつぞやどこかでもらって取っておいたパンフレットのことを思い出しました。

そのパンフレットとは、ある高齢者サポート団体のものでした。

「おひとりさま安心サポート、家族の代わりになります」と表題に書いてあり、何かの折に利用するかもしれないと思い、取っていたのです。

パンフレットによると、生活支援や金銭管理、葬儀・納骨の代行など幅広く対応してくれると書いてあります。

今の状況を考えると、将来のために自分も加入していたほうがいいのではないかと考え始めました。

そこで、パンフレットに書いている電話番号に電話をかけ、相談してみました。詳しくは実際にお会いしてからとなり、後日、担当者に自宅に来てもらうことになりました。担当者は資料をもとに支援の内容を説明してくれました。

すべてお任せしたほうがいいと思っていたYさんは、担当者に申し込みをしたい旨を伝えようとしました。

ところが、よくよく聞いてみると、トータルパックだとかなりの金額になってしまうことがわかってきました。費用項目を見ると、見守りは○○円、病院付き添いは○○円など、支援内容ごとにそれぞれ金額が設定されています。すべて頼んでしまうと、入会金などを含め大きな出費になります。

今後の生活もあり、手元にお金は残しておきたいというのが正直なところです。今は自分で買い物などにも行けるので、とりあえず入院して自分では金銭管理ができなくなった時に備え、「金銭管理支援」を申し込むことにしました。

その場合、「任意後見契約」も必要とのことで、後日、諸々の契約を行いました。

それから5年の月日が流れました。あれだけしっかりしていたYさんでしたが、認知症が進行してしまいました。そんな頃、兄の依頼を受けた兄の子どもが、Yさんの様子を見にやってきました。

家の中に入ると、びっくりしました。廊下には荷物が至るところに置かれ、郵便物や昔取っていた新聞が部屋中に散らかっています。お風呂にはなぜか段ボールが押し込まれていて、入浴しているのか疑わしい様子です。

そして、極めつきがテーブルにある契約書です。どうも宝石購入の契約書のようで、かなり高額な内容となっています。そこには、本人の署名と押印もあります。

本人に尋ねても「知らない」「よくわからない」の一点張りで、詳しい状況を把握することができません。

積み重ねられた書類の下には、10年前に高齢者サポート団体と結んだ契約書が隠れています。気づかれず活かされることなく、埋もれたままとなっていたのです。

ひとり終活アドバイス

自分に何かあった時に備え、高齢者サポートサービスに加入していたYさんでしたが、認知症への備えが不十分だったため、残念ながらせっかくの終活を活かすことができませんでした。

このようなケースを未然に防ぐのに役立つのが「見守り契約」です。次項で詳しく説明します。

「見守り契約」をしていれば、「変化」に気づいてもらえる

「将来、認知症にならないか心配……。でも、すぐに認知症になるわけではない」

このように自問自答して、どこまで準備しておけばいいのか、わからなくなってしまう方も多くいます。

1つ確実に言えることは、ひとり老後を安心して暮らすためにせっかく対策を取るのであれば、継続したサポートを受けられるようにしたほうがよいということです。

そのために、切れ目のない連続した人生設計が理想となります。

そこで、注目したいのが「見守り契約」です。

この「見守り」という言葉、少し前までは福祉的ニュアンスが強く、要介護の方をサポートする意味で使われていました。見守りと言えば、転倒はしていないか、食事は取れているかなど、当初は生活支援が中心でした。

しかし、最近ではもっと広くとらえられるようになっています。定期的な様子伺いも含まれます。今は元気だが将来のためにお互いコミュニケーションを取りながら、健康確認や生存確認を行うことも対象となっているのです。

例えば、後見人を事前に準備しているHさん（81歳、女性）の場合です。

今は自立していて、すぐに後見人に動いてもらわなくても生活は成り立っています。ただ、年齢を考えると、いつ調子が悪くなるかわかりません。

そこで、その時に備えて、後見人をお願いしている人に定期的に見守りをしてもらっています。後見人になる人が、Hさんの自宅を訪問するなりしているのです。

将来後見人になる人が早い段階でHさんと関わりを持ち、いつでも移行できる態勢を取っています。

見守り契約により外部との接触ができて、ますます元気になった方もいらっしゃいます。変化に気づいてもらえるということは、とても心強いことです。

見守りの方法としては、定期的な電話連絡や面談を行います。それらの活動を通じて、日々の生活に変わりはないか、生活や健康状態について確認します。

変化がなければ引き続き見守りの継続でよいのですが、時の経過とともに次のフェーズに移ることがあります。

自宅でちゃんと食事を取れていない、ゴミ出しができていない、物忘れがひどくなっているといった兆候が出てきたりします。他にも、請求書がたまり始めたり、金銭管理ができなくなってきたり……。このまま見守り継続でいいのか、検討しないといけないタイミングがある時、訪れます。

そういった兆候を察知できると、本人のために次の動きを取ることができます。

例えば、ヘルパーの方に入ってもらったり、施設を探して見学に行ったり、後見を開始し、財産管理を後見人にバトンタッチするなどします。このような移行に向けた支援をしながら、切れ目ないサポートを行います。

では、この見守りですが、誰に頼むことができるのでしょうか？

今では民間の警備会社、NPOなどさまざまな機関がサービスを提供しています。また、筆者のような士業も依頼者と見守り契約を結ぶことができます。

費用やサービス内容については、まさに千差万別です。パンフレットや契約書などでよく確認することが肝要です。

なお、司法書士が見守り契約を行う場合は、先ほど述べたように定期的な電話連絡や面談を行います。月々3000円～5000円で設定されていることが多いようです。

以前、実際にあった話ですが、見守り契約を結んでいる方と電話がつながらない状態が、数日続いたことがありました。何かあったのではと思い、家に駆け付けました。

最初は〝孤独死〟などよからぬ言葉が頭に浮かんでいましたが、ご本人はひょっこり窓から顔を出し、「何事ですか?」のひと言……。どうもテレビの音が大きくて電話に気づかなかったようです。

最近では営業の電話を嫌い、電話に出たがらないシニア層も増えています。特殊詐欺の被害が報道されるようになり、ますますその傾向は強いようです。

あるいは、いわゆるガラケーからスマートフォンに替えたはいいが操作に困る方、扱いに戸惑い、誤った設定にしてしまう方もいらっしゃいます。まれに充電がもったいないからと、日中に電源を切る方も……。

見守りにおける連絡方法やツールについては、お互いに連携を取りやすい手段を相談し合うとよいでしょう。より良い関係が生まれることで、見守り契約が機能しやすくなります。

なお、「後見人契約」については次章で詳しく説明します。

入院時や施設入居時に必要な「身元保証人」

いくらおひとりさまへのサポート態勢を充実させようと思っても、おひとりさま特有の壁がそこに立ちはだかることがあります。

その最たるものが、入院時の「身元保証」と手術時の「同意書」です。

入院となると、当然のごとく身元保証人の提供を求められます。ひと昔前であれば、子どもや親戚などがなることが当然のようにとらえられていました。

しかし、おひとりさまの場合は、そもそも頼める人がいないという事態に突き当たります。

夫婦であれば大丈夫でしょうか？　お互いが身元保証人になれば問題ないようにも考えられます。しかし、同一世帯では認められず、夫婦以外の第三者でないとダメなこともあります。

この身元保証人に関しては、筆者が司法書士になった当時は、より厳密に審査されていました。家族や親族でないと認められないと一律に判断されていたのです。特におひとりさまの場合、その壁の高さを感じていました。

ただ、最近は少し状況が変わりつつあります。以前よりは壁が低くなってきている側面があります。

というのも、身寄りのないおひとりさまがこれだけ増えている中で、杓子定規《しゃくしじょうぎ》に親族に身元保証人になるよう求めることができなくなっている現実があるからです。従来の親族絶対主義からは明らかに転換しつつあります。

基本的に病院が身元保証人を求めるのには、連絡したい時や何か確認したい時、あるいは何かあった時に対応してくれる人をあらかじめ確保する意味があります。

その点、最近は「任意後見契約」があることや、後見人がすでについていることを伝えると、入院を受け入れてくれるケースが増えているように感じています。

病院によっては、任意後見契約書や後見の登記事項証明書（後見人がついていることを証明する法務局発行の公的書類）の提示を求めてくるところもあります。でも、こういう時のための契約書なので、本人の同意を得るなどして提示すればよいと思います。

今は頼れる親族がいなくても、後見人を設定するなどすれば、身元保証人に準ずる人がいると扱ってもらうことができるのです。円滑な入院につながる方法はいろいろあると知っているだけで、安心感が全然違うのではないでしょうか。

他にも、NPOや民間のサービスで身元保証人になってくれるところを利用する方法があります。最近では、身元保証人がいないおひとりさまに、病院のほうから提携の団体を紹介することもあるようです。

2018年には厚生労働省が、身元保証人がいないだけで入院を拒否することがないよう、都道府県に通知を出しています。今後ますます家族や親族以外の身元保証人の活用が進むものと思われます。

その一方で、手術の同意書については、グレーな部分があると言わざるを得ません。

そもそも人の生命に関わることなので、本人でもなく、まして家族でもない第三者の人が同意するということが、なかなか概念として理解が進まないのです。

実際に、広い代理権がある後見人にすら、医療的同意権は与えられていません。

家族のいないおひとりさまが増え、後見人に医療的同意権を付与すべきだという議論もあります。しかし、親族でない後見人に医療的な同意を求めるのは、後見人の心理的負担が大きいように思います。

そう考えると、やはり本人が元気なうちに自分の意思を示しておくことが望ましいといえます。

あとで出てくる「リビング・ウィル（事前指示書）」や「尊厳死宣言」などを作成し、いざという時に医療機関が本人の意思を尊重できるようにしておきましょう。

病気やケガで身動きができない時、お金を動かすには

認知症になった時に備え、後見人を決めておくことはとても有益です。なぜなら、自分の代わりに窓口となる人を立てることができるからです。

自分のお金についても、通帳保管や各種支払いなど、さまざまな金銭管理のサポートを受けることができます。まさに未成年者を保護する親権者のように、本人の生活や財産管理にコミットしていきます。

このようにお伝えすると、後見人さえ決めておけば、ありとあらゆる場面で動いてくれると思われるかもしれません。

残念ながら、それは後見人に対する、よくある誤解の1つです。

ここでぜひ押さえておきたいのは、後見人というのは本人が認知症になった時に初めて利用する制度だということです。

とすると、まだ認知症になっていない時は、利用できないということになってしまいます。例えば、頭はしっかりしているが体が思うように動かなくなってしまうことがありますす。認知症ではないので、せっかく後見人を選んでいたのにお願いできないことになりかねません。

しかし、これまで見てきたような人生のリスクを考えた時、サポートをしてほしいのは何も認知症になった時ばかりではありません。年を取ればすぐに認知症になるというものでもありませんし、高齢であっても頭はしっかりしている方はたくさんいらっしゃいます。

そうなのです。認知症になる前に心配なのが、頭はしっかりしているが病気やケガで身動きが取れない状態になった時のことなのです。

このような時、おひとりさまであれば、どこまで自分で対応できるかイメージしておくことが大切です。

入院時には、契約書をはじめとした多くの書類に目を通さないといけません。また、治療の方針や今後のことについて、病院関係者から説明を受けるなど打ち合わせの機会がたびたび出てきます。

本人にそれだけの余裕があれば問題ありませんが、体調を崩している、ケガで痛みに耐えている状態で、そこまで手が回るかどうかは難しいところです。

一過性のものではなく身体機能の低下が見られる場合には、退院後に備え介護保険の適用を受ける必要が出てきます。要介護状態になれば、ますます自分の身の回りのことに支障をきたすことになります。

体のことだけではなく、財産管理に関する課題が出てくる可能性もあります。

入院や介護では、それに伴う支払いといった金銭管理が必要となってきます。自分で通帳の管理や各種支払いができなくなった際のことも、考慮しておかなければなりません。

このように、認知症ではないけれども入院や介護が求められるようになった場面で、おひとりさまはいったいどうすればいいのかという問題があります。どのようなサポート態勢があるのか知っておくと「私は1人じゃない」と安心できるでしょう。

そこで登場するのが、「財産管理等委任契約」という契約です。

財産管理等委任契約では、自分の代わりに通帳を管理したり各種支払いをしたり、介護認定などの申請を代行する人を選任し、契約を結びます。契約内容としては、預ける財産の内容や代わりに動く人ができることを決め、書面を交わします。

この契約は財産を管理する重要な仕事となります。ただ単に財産を預かるだけではなく、代わりに動く人には、本人への報告義務や帳簿の作成義務などが発生します。

本人の代わりにできることは、通帳の管理など後見人の仕事と同じ内容のものがあります。財産管理等委任契約は、認知症になった時に利用する後見の1つ手前のものととらえておくといいでしょう。

入院や介護が必要になり自分では身動きが取れない時に備えて、後見とは別に、財産管理等委任契約で動ける人を立てておくことが重要です。

財産管理等委任契約を受ける人と後見人とは同じ人でも構いません。認知症対策とあわせて入院時のことも想定しておけば、切れ目ない態勢を築くことができます。

いざという時に慌てないよう、認知症だけにとらわれず、入院、介護といった人生に訪れるかもしれないリスクに備えておくことが安心につながります。

自力で転院先を探せなくなったら

入院し、それも長期入院となると、「いったい、いつまで今の病院にいることができるのか？」という不安がつきまといます。

経験がある方もいらっしゃると思いますが、今は1つの病院に長くいることは難しくなっています。目安としては3カ月といわれています。

大きな手術を受けたあとでも、すぐに退院し、自宅療養を促されたり、リハビリテーション病院や系列の病院に移されたりすることも珍しくありません。

入院しても順調に回復して、すぐに自宅や施設で元のような生活に戻れれば、それがベストです。

しかし、入院生活が長期化しそうな時は、次を見据えた対応が必要となってきます。そうはいっても、一般人が病院の内情や連携態勢に詳しいはずがありません。どこの病院が次に受け入れ可能かなど、普通は知る由《よし》もないものです。

このことは、財産管理等委任契約の受任者や後見人であっても同様です。必ずしも各地域の医療情報を事細かに持ち合わせているわけではありません。

そこで、このような場合にキーマンとなるのが、医療ソーシャルワーカーや社会福祉士といった医療・福祉の専門家です。最近では、がん緩和ケアに関する専門家もいて、緩和ケアにつなぐ役割を果たすことがあります。

一定規模の医療機関であれば、地域連携室が設置されています。名称そのものは病院や地域によって違うことがありますが、病院と病院、病院と施設などをつなぐ役割を果たしています。

次の病院への移転が必要となったら、連携室に所属するソーシャルワーカーらと打ち合わせます。普段から他の病院や施設と連携しており、さまざまなネットワークや情報を持っています。

そして、本人自ら次の病院に連絡する必要はなく、担当の方が次の病院の受け入れ状況や条件などについて確認してくれます。その際には、どこまで希望が通るかはわかりませんが、自宅の近くがいい、個室があるところがいいなど、自分の希望を伝えることが重要です。

本人が動けない時は、本人の代わりとなる財産管理等委任契約の受任者や後見人などが、本人の意向を酌みながら転院を進めていきます。

ちなみに、筆者も後見人などの立場で、病気になったおひとりさまと関わることがあります。スムーズにいくこともあれば、転院に苦戦することもあります。

本人の調子が悪くなったので、いったんかかりつけの病院に同行した時の話です。

本人は病気で体調が悪く、かつ認知症があるため、自分では介護タクシーの手配や窓口受付などは難しい状態です。かかりつけの病院に行ったのはいいのですが、症状が重く、その病院では診断ができないとされてしまいました。そこで紹介状をもらい、後日、総合病院を受診することにしました。

検査や診察まで長時間待機し、１日がかりの対応となりました。ようやく診断がくだり、このまま入院できるかと安堵したのも束《つか》の間、担当医から「うちでは受け入れはできない」と言われてしまったのです。

精神科がないので、認知症の方は受け入れできないという理由でした。

そこで地域連携室の担当者に各方面に当たってもらい、いったん施設で待機し、2週間後にようやく入院できたという顛末《てんまつ》となりました。

医療機関からは、予期せぬ対応を取られることがあることを、頭の片隅に置いておいてほしいところです。

介護が必要になった時に備える方法

病気やケガで入院し、すぐに回復すれば、それに越したことはありません。

しかしながら、実際問題として病気やケガをきっかけとして介護が必要となることがあり得ます。いわゆる〝要介護〟といわれる状況です。

令和4年版高齢社会白書によると、75歳以上では23・1%の人が要介護になるという統計が出ています。年齢が上がるにつれて、その率は増えていきます。

そこで、要介護に備えて介護保険の仕組みや介護サービスの概要を知っておくことが有益となります。

ご存じの方も多いかと思いますが、介護が必要となった時に利用するのが介護保険制度です。両親が利用された経験がある方もいらっしゃるでしょう。

この制度を利用すれば、上限額はありつつも、介護サービスを1〜3割の自己負担額で受けることができます。

ただし、いきなり利用できるわけではなく、本人に介護が必要かどうか認定を受けなければなりません。要介護認定を経て初めて介護サービスを受けることができるのです。

この要介護認定が受けられそうということになれば、まずは市区町村に申請します。申請を受けた市区町村の福祉課などにより調査が行われます。

具体的には、次のような流れで審査・認定が進められます。

①保険者である市区町村に要介護認定の申請を行います。

②申請に基づいて市区町村（または広域連合）が調査を行います。
←
③調査員が本人と面会し、生活状況などを確認します。
←
④市区町村（または広域連合）が、申請書で指定された医師に意見書の作成を依頼します。
←
⑤調査員や医師の意見書を基に介護認定審査会が、本人の要介護などを総合的に判断し認定を行います。
←
⑥認定の結果を本人に通知し、介護保険被保険者証に認定の結果を記載します。

要介護は1～5に区分され、数字が大きくなるほど介護度が高くなります。そして、具体的な介護サービスについては、ケアマネージャーと決めていくことになります。ケアプランというものを作成してもらい、その人に合った介護態勢を整えていきます。

担当のケアマネージャーが決まれば、基本的に要介護が外れるまで本人の生活に関わってくれます。要介護状態は変わっていくので、その時々で適切な介護を受けることが求められます。

介護サービスの内容や福祉用具は専門的なところでもあるので、福祉の専門家からサポートがあればとても心強いのではないでしょうか。

知り合いのケアマネージャーがいない、介護が充実した施設がわからないなど困り事が出てきた場合は、地域包括支援センターの利用を考えましょう。

地域包括支援センターは、高齢者の暮らしを地域でサポートするための拠点として、各市区町村に設置されています。高齢者のさまざまな問題に対応する地域密着型の相談窓口となっています。

介護が必要になった時に備え、ケアマネージャーや地域包括支援センターなどと接点を持っておくことが重要です。福祉的なサポートがあれば、困った時に心強い味方となります。

おひとりさまに欠かせない、終末期医療の意思表示

終末期医療については、悩ましいところです。

何が悩ましいかと言いますと、終末期に及んで本人の意思をどこまで確認し、どれだけ尊重できるのだろうかという点にあります。まさに人間の尊厳に関わる問題なのです。

実際のところ、この段階で自分の意思を明確に伝えられるよう準備している人は少ないようです。

では、本人の意思が確認できない状態で、いざ終末期に至った場合は、どのような対応になるのでしょうか？

それこそケース・バイ・ケースになりますが、基本的には対応に当たる医療現場の判断になります。

本人に家族や親族がいれば、本人の代わりに医療機関は家族らの意向を確認しながら医療措置を施すことになります。「手術しますか？」「延命措置は行いますか？」など家族に

確認を取っていきます。

しかし、おひとりさまだと、判断を委ねられる人がいないということが多々あります。甥や姪、いとこなど本人に関わってくれる親族がいれば、医療機関からの問い合わせに対応してもらうようお願いすることもできます。親族としての考えがわかれば、それに沿って医療的措置を行うことができます。

一方、関わってくれる親族がいない、遠い親戚すらいない時には、本来であれば第三者である後見人に意見を求めることがあります。

とはいえ、64ページでも述べたように、後見人には医療的同意権がありません。後見人としては、これまでの本人の生活状況や性格などについて情報提供し、最終的に医師の判断を仰ぐことになります。

最後はまさに総合的に判断されるわけですが、仮に本人の意向を知り得ないとすると、いったい誰に確認したらいいのかわからず、医療現場が混乱することになりかねません。

そこで、まだまだ広まっていないとはいえ、おひとりさまの場合は「尊厳死宣言公正証書」を作成しておくことが有益です。

尊厳死宣言公正証書とは、回復の見込みがない末期状態において生命維持治療を控え、人としての尊厳を保たせながら安らかに死を迎えることができるよう自分の希望を伝えておく、公証役場で作成する文章のことです。

この尊厳死宣言公正証書では、過度な延命治療の中止を望むだけではなく、痛みを取る治療はしてほしい、胃瘻《いろう》や経鼻《けいび》チューブによる栄養投与は行わないでほしいといった自分の望む治療方針を記載することができます。

他にも、意思表示カードやリビング・ウィルといった終末期医療について意思を示す方法はあります。ただ、私的な文章では、医療機関が採用するかどうか判断に迷ってしまう事態が想定されます。

尊厳死宣言公正証書であれば、公証役場という公的機関が作成しているので、公的な書類として本人の意思を確認することができます。

「こんなはずじゃなかった」とならないよう、きちんとした書類ベースで自分の意思を示しておくことが求められているのです。

3章

認知症の「もしも」に備える

いざという時に役立つ「後見人契約」

3章で解説する「ひとり終活」のポイント

こんな時に安心!

- □ 認知症になるかもしれない、将来なった時のことが心配
- □ 子どもがおらず、将来のことを任せたい人がいる
- □ 自分の将来設計に応じて、頼むことを考えたい

成年後見制度(任意後見)

- 預貯金などの財産管理や日常の支払いなど、お金に関することを代行する
- 入院や介護施設への入所など、契約に関することをサポートする
- 税務申告やその他に頼みたいことを、互いに協議して決められる
- 後見人は、親族の他、弁護士、司法書士など、自分で選ぶ

こんな時に安心!

- □ 認知症を発症し、判断能力が不十分になった
- □ 銀行などから成年後見制度の利用を求められた
- □ 遺産分割協議に参加予定だが、十分な判断能力がない

成年後見制度(法定後見)

- 通帳、印鑑、契約書などの保管、年金に関する手続きを行う
- 生活に必要な預貯金の出し入れ、入院費の支払いを行う
- 遺産分割協議への参加、不動産の処分、介護施設との契約などを行う
- 後見人は、家庭裁判所が選ぶ

人生100年時代こそ、認知症への備えが肝心

「人生100年時代」という言葉が、ここ数年で広く浸透してきた印象があります。銀行や証券会社では「人生100年時代の資産運用」など、この言葉がしきりにアナウンスされています。それよりも、預貯金の利息を上げてほしいと思うのは筆者だけでしょうか……。

人生100年時代と並んで「老後には2000万円必要」などのフレーズが叫ばれることがあります。それだけ区切りや基準となる数字にはインパクトがあるのでしょう。ただ、その一方で結局のところ数字だけが独り歩きしてしまっている側面は否めません。人生100年時代において、私たちはどう生きたらいいのか、第2、第3の人生をやりがいや生きがいを持って生きていくにはどうすればいいのかという、本質的な議論が抜け落ちているのです。

そもそも、今の健康状態、あるいは現在の安定した状況で、これから先、ずっとこのま

ま人生100年を過ごしていけるでしょうか？

確かに人生100年時代の言葉通り、100歳まで頭や体がしっかりしていて、ある日、突然この世から去ってしまう方もいます。いわゆる〝ピンピンコロリ〟です。ただ、それはほんのひと握りの方だけです。

寿命が延び、人生100年といわれるようになった今、私たちには長寿社会を生きていく上でのリスクが忍び寄っていることを把握しておかなければなりません。

そのリスクとは、本章のテーマである認知症です。

厚生労働省によると、認知症高齢者は2025年には約700万人になるとされています。これは65歳以上の5人に1人が認知症になる計算です。

ひと口に認知症と言っても、さまざまな原因があり進行状況も人それぞれです。症状に波がある〝まだら認知症〟から、寝たきり状態となり、まったく意思疎通ができない認知症まで、意思確認ができるレベルには大きな差があります。

認知症の種類としては、主にアルツハイマー型認知症、レビー小体型認知症、脳血管性認知症があるとされています。この中でも、アルツハイマー型認知症の割合が最も多いという医学的統計が示されています。

少し前までは、認知症患者のことを「ボケ」「痴呆《ちほう》」などと言うことがありました。しかし、今述べた通り、認知症は医学的要因から発生します。つまり、医学的見地から病気だと定義されているのです。

先の厚生労働省の推計からもわかるように、日本は長寿社会に突入し、誰もが認知症になり得るリスクを負っています。

ここで考えてほしいのが、認知症になり、身の回りのことがわからなくなったり、できなくなったりしたら、自分の生活や財産上の取り扱いがどうなるかということです。

気をつけておかないといけないのが、認知症になると社会生活上のリスクが一気に増大することです。典型的なのが、銀行口座が利用できなくなる恐れです。口座名義人が認知症になったと金融機関が知ると、本人確認や意思確認ができないとし、口座にロックをかけるのです。いわゆる口座凍結です。

それだけではありません。自宅を売って施設に入ろうとしても、自宅の売却ができないことがあります。所有者である本人の意思が認知症により確認できないとして、契約や所有権移転ができないのです。相続が起こり遺産分割を行う際にも同じことがいえます。

このように契約能力が認められないことになり、今までできていた社会生活上の取引に大きな支障をきたすのが認知症リスクです。これまで築いてきた大切な財産が宙に浮いてしまう恐れすらあります。

特にひとり終活では、誰も何もできない、誰も何もわからない状況に陥ることもあり得ます。そういった状況を回避する手立てを今から考えておかなければなりません。

認知症になった時に、いったい誰が金融機関、不動産売却、各種契約に対応してくれるのかということに、当事者意識を持っておきたいところです。

自分のお金でも、認知症になると銀行から引き出せない

現在、問題となっているのが、認知症を理由に本人名義の銀行口座が凍結されてしまい、いざという時に自分のお金が下ろせなくなることです。

前項でも少し述べたように、役所、金融機関、保険会社など各機関で本人確認が強く求

められるようになっています。家族、親族、知人ではなく、必ず本人その人の確認ができなければ取引が難しい社会なのです。

そのため金融機関では、本人が認知症で意思確認が難しいとわかった段階で、口座凍結という対応を取ることがあります。金融機関サイドとしては、本人の意思に反して出金等がなされることがないようリスクヘッジするのです。

口座が凍結されてしまえば、これまでのように親族などが本人の代わりに財産を管理することができなくなります。本人ための出金であったとしてもです。

よくあるのが、施設に入るためにまとまったお金が必要となったため、本人以外の人が定期を解約しようとする時です。金額が大きくなれば出金理由も聞かれますし、理由が正当だとしても、本人でなければ解約することは至難の業《わざ》といえます。本人が認知症と判明し、逆に口座が凍結されてしまうこともあります。

確かに、全国銀行協会の指針により、医療費など本人の利益となることが明らかな使途については親族が代わりに引き出せるとの考えが示されています。とはいえ、使途の確認や親族であることの証明が必要であり、話はそう簡単ではなさそうです。

対策としては、銀行によっては指定代理人を設定できるところもあるので、これを利用することです。デメリットとしては、指定を認めている金融機関が少ないことでしょう。

もう1つは、本人を直接銀行の窓口に連れて行くことです。ある程度、本人の判断能力があり、受け答えができれば対応してもらえるはずです。しかしながら、これも〝言うは易く行うは難し〟で、そう簡単な話ではありません。

認知症高齢者を連れていくには、介護に慣れた方の付き添いがいりますし、病院やデイサービスなどの合間を見て連れて行くのは、関係者にとっては大変な労力となることがあります。

そして、いざ確認してもらう時に、うまく意思表示できなかったり、署名が難しかったりすると、徒労に終わることもあり得ます。

そこで登場するのが、「後見人制度」です。正式には成年後見制度と呼ばれていますが、ここではわかりやすく後見人制度とします。

口座凍結に、有無を言わさず効力を発揮するのが後見人制度です。後見人であれば、本人を銀行に連れて行かなくても口座凍結の解除をすることができます。他にも、心当たりの銀行に本人名義の口座がないか照会をかけることもできます。もちろん、新規に本人の口座を開設することも可能です。

後見人制度は口座凍結に関しては、無敵の制度なのです。

筆者もこれまで後見人を利用することで、口座凍結を解除したことが多々あります。

一例を挙げれば、倒れた兄弟の生活費を立て替えている方から相談を受け、後見人制度を利用しました。筆者が後見人に就任し、本人口座から出金できるようになり、これまでの立替金や入院費を支払うことができました。後見人制度を使用する前、その方は何度も金融機関に直談判したのですが、本人の入院費すら出金できませんでした。

他にも、請求書がたまりにたまっていたおひとりさまの後見人となり、年金口座を探し出して無事に清算したこともあります。

このように後見人制度は銀行に対して、堂々と本人口座の使用を申し出ることができます。口座が凍結してしまった場合、利用を検討すべき制度となっています。

しかしながら、その後見人を決めるまでが、まずもって大変な作業となります。

当然のことながら、本人が一筆、「後見人を誰だれにする」としたためたところで、後見人の権限が認められるわけではありません。法に則《のっと》った正式な手続きを踏み、後見人を選任しないといけないのです。

後見人は、認知症が進んだ方を保護・支援する法的な代理人です。本人の代わりに財産を管理し、生活の支援を行います。

後見人制度は、任意後見制度と法定後見制度とに分かれます。どちらも家庭裁判所を通す必要があります。口頭で申立てることはできず、申立書や財産目録などを作成して、必要書類を集めた上で提出しなければなりません。本人の判断能力を確認するため、診断書も必要となります。

書類の提出を行うと家庭裁判所の審査が行われます。事案にもよりますが、1カ月～3カ月くらいで後見人が決まります。法定後見であれば、誰を後見人にするかは家庭裁判所の専権事項であり、結果が出るまでどんな人が後見人になるかはわかりません。通常は、司法書士、弁護士、社会福祉士といった専門職が選任されます。

そして、選ばれた後見人が口座凍結などに対応していくことになります。

この後見人制度は介護保険法とともに2000年にスタートしました。しかし、実際のところ、すこぶる評判がよくありません。利用率も低調となっています。

後見人制度の光と影についても、この項で押さえておきましょう。

終活事例❼――一度決めた「後見人」に抱いた不信感

「おばちゃん、何かあれば私が面倒を見るね」

子どものいないAさん（68歳）にとって、これほど心強い言葉はありませんでした。

今は元気なAさん、これまで人の手を借りることなく暮らしてきました。自分は1人で何でもこなせるという自負があります。人に束縛されず自由気ままな生き方が自分には合っていると考えていました。

そんなAさんでしたが、年齢を重ねるにつれ、このままで大丈夫なのかという不安が出てきました。

今は1人で生活が成り立っていますが、そう遠くないうちに施設に入るだろうと自分の人生設計を描いています。70歳くらいから施設を探し始め、75歳くらいには入所するというプランが頭の中にあります。

とはいえ、その時、自分1人で対応してもらえるだろうかと気がかりです。施設入所となると、言うまでもなく保証人を求められるはずです。

同じくおひとりさまの知人は、民間の高齢者サポート団体に依頼したと教えてくれました。何でも施設の提携先とのことで、入所の際にそちらへ入会するよう促されたとのことです。

ただ、気になったのがその費用です。知人から立派なパンフレットを見せてもらいましたが、契約保証料120万円、預け金50万円がすぐに目に入りました。

これまで縁もゆかりのないところに、そんなに高額な費用を支払う気にはとてもなれないというのが、Aさんの率直な感想です。これからの人生を支えてくれる老後資金は慎重に使っていきたいのです。

幸いAさんには、何かあった時に頼めそうな姪がいます。そこまで親しいというわけではなかったのですが、最近はよく連絡してくれるようになりました。そして、事あるごとに「おばちゃん、何かあれば私が面倒を見るね」と頼もしいことを言ってくれます。

後見人制度について知っていたAさんは、姪に任意後見人になってくれるよう話してみました。面倒を見てくれるとしても、何かしら権限がないと難しいだろうと思案したのです。あとあと施設に入るようになって保証人の提供を求められた際にも役立つだろうとの判断もありました。

姪も了承してくれたので、2人で公証役場に出向き、任意後見契約の手続きを済ませました。やはり最後に頼りになるのは親族だと、その時Aさんは感じました。

そんな矢先、Aさんにがんが見つかり、入院し、手術することになりました。幸い初期の段階での発見だったので、すぐにどうこうという状況ではありません。

入院の準備は1人で行い、姪には入院した旨を伝えておこうと連絡を入れました。ところが、姪とのやりとりに、Aさんはとても違和感を抱きました。

「おばちゃん、退院したら、また連絡して」

そこには、体調を気遣う様子はまったくありません。

「あなたは私の任意後見人になっているのよ。私の病状を確認してもいいんじゃないの？」

と伝えると、

「私はおばちゃんが亡くなって、おばちゃんの家が空き家になったら代わりに管理してあげようと思っているだけよ」

と言われ、Aさんは言葉を失ってしまいました。とてもこの人に後見人など頼めないと悟りました。

しかし、公証役場で作成した契約書には、解除するにも公証役場でしないといけないと書いてあります。今は入院や手術など自分の体のことで精いっぱいです。そこまでの余裕はありません。

落ち着いたら、とも思うのですが、姪に連絡するのも億劫です。もっとよく考えて契約すればよかったと後悔するばかりです。

ひとり終活アドバイス

実は、後見人を一度選任すると、その後、変更することはなかなか難しいというのが実際のところです。もちろん、絶対に変更できないわけではありませんが、改めて手続きを踏まなければなりません。その分の費用が発生することもあります。

契約段階の任意後見人であれば、公証人の認証を受けた書面で解除することになります。すでに任意後見人として動いているのであれば、家庭裁判所の許可が必要となります。いずれにしても、公的機関を通さないといけないのです。

このことからも安易な選任は避けましょう。本当に信頼できる相手か見極めた上で、任意後見契約を結ぶことが求められます。

認知症になる前に契約する「任意後見人」

ここで改めて「任意後見人」についてご説明しましょう。

これは文字通り、任意に自分の好きなタイミングで、希望する人を後見人に設定しておく仕組みです。

この任意後見人ですが、ある調査によると、あまり認知や理解が進んでいないという結果が出ています。というのも、もう1つの後見人制度である、家庭裁判所が後見人を選ぶ法定後見制度と混同してしまっているようです。

そもそも、子どもだけではなく親族や第三者を後見人に指定できるということが、なかなかイメージしづらいのかもしれません。

そこで、ここでは後見人制度の柱である任意後見制度についてお話しします。

まず大前提として、任意後見人は自分が元気なうちにあらかじめ後見人を決めておくものだということです。

それもそのはずです。本人が元気で判断能力があるからこそ、誰に頼めばいいのかを決めることができます。任意後見は、自己決定権の尊重という後見人制度の理念が反映されています。

次に誰に頼むかですが、ある意味、自由自在といってもいいでしょう。子どもだけではなく、兄弟や姉妹、甥・姪、いとこといった親族も対象となります。親族でなくても、司法書士や弁護士といった専門職、それに知人に頼むことができます。もちろん、相手の同意は必須です。

頼める内容についても、幅広く決めることができます。介護認定の申請代行といった福祉的なことから、通帳の管理や各種支払いのような財産に関すること、それに不動産の売却や遺産分割のような重要な法律行為についても、その対象とすることができます。

そして最大の特徴が、任意後見人になる人、つまり候補者と合意しても、すぐに後見がスタートするわけではないという点です。自分が元気なうちにあらかじめ後見人を決めておくとお伝えした通り、認知症になった時に備えておくのです。

後見人制度は、あくまで認知症になった時に利用する制度なのです。

したがって、後見人に対する報酬を定めておいたとしても、その支払いが発生するのは実際に動いてもらうようになってからです。もちろん、専門職に依頼した際は、契約書作成代など初期費用がかかりますが、後見人報酬とは区別されます。

司法書士の場合、後見人の基本報酬として月々2万円～3万円と定めているところが多いようです。

このことからも、任意後見人は認知症対策のスキームの一環だといえます。任意後見人となる人がいれば、何かと相談に乗ってもらうことができます。これからの生活の心強いパートナーとなり得ます。

ただし、任意後見人は簡単に認定できるものではありません。法律で定められた手順を踏む必要があります。

任意後見人について決める約束は、任意後見契約と呼ばれています。この契約は、口頭や当事者間だけの取り決めでは認められず、公証役場で必ず契約書を作成しなければなりません。私的に契約しても効力は認められません。

そのため公証役場の手数料が発生しますし、基本的には任意後見人になってくれる人と公証役場に出向くことになります。

公証役場での手続きが終われば、その内容が東京の法務局で登記されることになります。これにより、誰が任意後見人になったのかが正式に記録されます。

ここまでのように任意後見人について説明すると、「ぜひ利用したい」「いい制度だ」と思われる方も多いようです。

しかしながら、よい相手を見つけるのは簡単なことではありません。先ほどお伝えしたように、専門職であれば公証役場の手数料以外に契約に当たっての報酬が発生します。

また、親族でも大丈夫ということで、自分の兄弟や姉妹を候補に挙げる方もいらっしゃいます。しかし、その時はよくても、いざ後見人として動いてもらう時に、兄弟や姉妹も体調を崩しているなど状況が変わっていることがあります。兄弟や姉妹も同じように年を取るからです。

そういう点からは、甥・姪など、自分より若い世代がいいでしょう。難点としては、仕事や家庭のことで忙しくしている甥・姪にそこまで頼めるかということがあります。任意後見人について理解してもらえるのかなど、よく見極める必要があります。

専門職に頼むのであれば、一度別件で依頼したことがある人が安心でしょう。直接の知り合いがいなければ知り合いに紹介してもらう、弁護士会や司法書士会に問い合わせるなどが考えられます。

いずれにしても、任意後見契約は自分の人生を委ねる大切な契約です。任意後見人になる人と何度も打ち合わせて、十分に納得した上で進めていきましょう。

重要な契約書類その他重要書類の保管及び各事項の事務処理に必要な範囲内の使用に関する事項

9 居住用不動産の購入、賃貸借契約並びに住居の新築・増改築に関する請負契約に関する事項

10 個人事業に係る各種届出に関する事項

11 登記及び供託の申請、税務申告、各種証明書の請求に関する事項

12 遺産分割の協議、遺留分減殺請求、相続放棄、限定承認に関する事項

13 新たな任意後見契約の締結に関する事項

14 以上の各事項に関する行政機関への申請、行政不服申立、紛争の処理（弁護士等に対する民事訴訟法第55条第2項の特別授権事項の授権を含む訴訟行為の委任、公正証書の作成嘱託を含む）に関する事項

15 以上の各事項に関する復代理人の選任、事務代行者の指定に関する事項

16 以上の各事項に関連する一切の事項

以上

[任意後見の契約書]

代理権目録（任意後見契約）

1 委任者[redacted]の不動産、預貯金、動産等すべての財産の保存、管理及び処分に関する事項

2 金融機関、郵便局、証券会社、保険会社等とのすべての取引に関する事項

3 定期的な収入の受領、定期的な支出を要する費用の支払に関する事項

4 生活費の送金、生活に必要な財産の取得に関する事項及び物品の購入その他の日常関連取引（契約の更新、解除を含む）に関する事項

5 医療契約、入院契約、介護契約その他の福祉サービス利用契約、福祉関係施設入退所契約に関する事項

6 要介護認定の申請及び認定に関する承認又は審査請求並びに福祉関係の措置（施設入所措置を含む）の申請及び決定に対する審査請求に関する事項

7 シルバー資金融資制度、長期生活支援資金制度等の福祉関係融資制度の利用に関する事項

8 登記済権利証、実印・銀行印、印鑑登録カード、住民基本台帳カード、マイナンバーカード、預貯金通帳、各種キャッシュカード、有価証券・その預り証、年金関係書類、土地・建物賃貸借契約書等の

認知症になったあとでも選出できる「法定後見人」

先ほどの任意後見人のところでは、認知症になる前に契約し、将来の後見人を設定しておく、とお伝えしました。

では、事前に決めておらず、認知症になってしまったらどうなるのでしょうか？　本人がもう自分で決めることができないので、後見人の利用はできないのでしょうか？

実は、認知症が進んでしまっても、まだ打つ手はあるのです。ここからは、本人が認知症になったあとの対応について説明しましょう。

ご承知の通り、本人の認知症が進んだからといって、後見人を利用できないということはありません。むしろ、認知症が進んだ時こそ、本人の代わりに動く人が求められます。このとき関与するのが、たびたび登場している家庭裁判所です。

認知症が進めば、任意後見のように本人が後見人となってくれる人を選んで契約するというのは難しい状況です。そもそも契約する能力が低下しているからです。契約する代わりに、家庭裁判所という公的機関が後見人を決める役割を果たします。

とはいえ、家庭裁判所が認知症で困っている人を見つけ、あるいは周りから連絡を受けて動いてはくれません。自ら後見人をつけるべく主体的なサポートをするわけではありません。

あくまでも〝こちら側〟から家庭裁判所に「後見人を選んでくれ」という申立てを行わなければなりません。

こちら側とは、具体的には本人や親族を指します。本人自身が入っていることも注目すべき点です。認知症になっている本人であっても、ある程度理解できたり、クリアな状態となっていることがあります。そのような場合は本人申立てといって、本人から申立てを行うことも可能であることは知っておきたいところです。

親族に関しては、申立てができる範囲が定められています。四親等内の親族であれば、本人のために後見人の利用を申立てることができます。

後見人を選任する家庭裁判所に対する申立ては、口頭やオンラインでできるかというと、そうではありません。家庭裁判所所定の申立書に必要事項を記載します。

申立書以外にも財産目録、収支予定表、親族関係図などが用意されています。それらへの記入だけでは足りず、通帳や不動産の登記事項証明書といった財産関係の資料をコピーし、提出することになります。

他にも「後見、保佐、補助」のどの類型に該当するのか、医師による診断書をあわせて提出します。

どれも一般の市民の方にとっては、普段作成するようなものではありません。ハードルが高いと感じる方も多くいます。家庭裁判所についても、なかには〝裁判〟と聞いただけで抵抗を覚える方もいて、少なくとも身近な機関ではないようです。

そのような場合は、申立ての段階から弁護士や司法書士といった専門家を立てる方法があります。申立書の作成はもちろん、家庭裁判所への申請を依頼することができます。

ただ、専門家に依頼した場合は、申立書の作成や申請に当たり報酬が発生します。家庭裁判所にかかる実費とは別ですので、事前に確認して依頼することが望ましいでしょう。

申立てが無事に行われ家庭裁判所の審査が進めば、後見人が決まることになります。

ここで注意しておきたい点があります。それは現在、後見人としては約8割が司法書士、弁護士、社会福祉士といった専門職が選任されているということです。

これは、親族は〝ほぼほぼ〟選ばれていないということを意味します。

実際に後見人選任のサポートをしていて、この点について説明すると、ショックを受ける依頼者の方もいらっしゃいます。これまで自分が財産管理をしていたのに、後見人には選ばれないかもしれない、と……。

絶対に選ばれないというわけではありませんが、そこは十分に理解した上で進めなければなりません。後見人を決定するのは、あくまでも家庭裁判所です。

もう一点お伝えしておきたいのは、後見人は一度選任されると、基本的に本人が亡くなるまで同じ人が続けるということです。普段の実務においても、このことはしっかりと説明しています。

もし親族と後見人の相性が悪い時は、よかれと思って始めたはずなのに、不幸の始まりとなるリスクを抱えてしまいます。

その一方で、おひとりさまで後見人が必要となった時は、大変心強い仕組みとなります。

なぜなら、家庭裁判所が必ず後見人を選んでくれるからです。しかも、本人が亡くなるまで後見人がサポートをするので、本人の生活に欠かせない存在となってくれます。

なお、気になる後見人の報酬ですが、こちらについても家庭裁判所が決定します。報酬の基準は、本人の財産状況によって変わってくるとされています。一般的には月2万円～3万円とされ、遺産分割や不動産の売却など本人の資産増加に貢献した場合は加算されるようになっているようです。

後見人に「できないこと」を誰に頼めるか

認知症になり、本人はもとより周りも何もできない状態は、何としても避けなければなりません。たらい回しにされるような人生は、誰しもがまっぴらごめんなはずです。

そうならないように、おひとりさまは特に注意して、しっかりした人生設計を立てておかなければなりません。

独り身の状態で認知症が進めば、今まで自分でできていたことをいったい誰に頼むのかという事態に必ずや遭遇します。家の管理や処分、通帳の管理、各種支払い、通院、介護の手配、お寺やお墓のことなど、やるべきことはたくさんあります。

子どもがいない、頼れる親族がいない、いても何らかの事情で頼めないような状況のおひとりさまには、後見人を設定しておくことが求められます。もし認知症になり自分で諸々のことができないようになっても、後見人がいれば自分の代わりに動いてもらうことができます。それが自分の人生を守ることにつながります。

とはいえ、後見人はどこまでしてくれるのかと、疑問を感じる方もおられると思います。

後見人を利用するに当たり、この点についてはぜひとも押さえておきたいところです。

大前提としては、少し残念な表現にはなりますが、後見人は万能ではないということです。本人の代理人という位置付けになりますが、何でもかんでもできるわけではないことは知っておきましょう。

後見人にはできること、できないことがあります。

後見人ができることというのは、言い換えれば、後見人の仕事となります。後見人の仕事は、「財産管理」と「身上保護（監護）」とに分かれます。

財産管理とは、文字通り通帳を管理し、日常生活の支払いをしたり、年金受け取りの手続きをしたり、家賃の回収を行ったりすることです。本人の資産を守り、維持するため、財産を保全しながら収支を確認する仕事になります。

日常的なことばかりではありません。入院やケガをした際の保険金の請求、不動産の売却、遺産分割協議への参加といったようなことも財産管理に含まれます。

後見人の2つ目の仕事である身上保護としては、定期的な面会、施設担当者との打ち合わせ、医療や介護サービス等の契約などが当たります。

後見人ができること（仕事）は、財産管理や身上保護などかなり多岐にわたりますが、後見人であってもできないことはあります。

医療行為の同意ができない旨は、すでにお伝えしました。また、事実行為についても後見人は行うことができません。事実行為とは、実際に本人を介助したり、買い物に同行したりするなどの行為です。病院の付き添いについても厳密に言えば事実行為に含まれ、後見人が行うこととはされていません。

このように、後見人にできること、できないことは、はっきりと区別できればわかりやすいのですが、なかには微妙なケースもあります。おひとりさまに何かあった時、その微妙なケースでだいたい後見人に白羽の矢が立ちます。

例えば、保証人です。おひとりさまで他に親族がおらず後見人がいる場合は、かなりの確率で保証人になるよう求められます。本来的には、後見人は保証人にはなれないとされてはいます。しかし、やむを得ず身元保証人となるケースもあるようです。

保証人でも連帯保証人となれば、話はより複雑になります。本人の資力がなく支払えない場合には、連帯保証人が支払うことになります。そうすると、後見人が本人に対して債権を持つことになり、利益が相反する事態となってしまいます。他に候補がいないとしても、後見人が連帯保証人になることは問題があるといえます。

また、意外と知られていないのが、後見人は死後の手続きができないことです。実は後見人というのは、生前に本人をサポートするための制度なので、本人の死亡後はその権限がなくなってしまうのです。

本人が亡くなっても、後見人がお葬式や納骨などをする義務はありません。まして、相続手続きについて後見人が行うことはできません。

そうすると、おひとりさまが亡くなり後見人の権限もなくなった場合に、その後の事務や手続きはいったい誰がするのかという課題に、またしてもぶつかります。

その課題については、「死後事務委任契約」や「遺言」で対応することになります。それらについては、次章以降で解説していきます。

ここまでやっておけば完璧となるよう、さらに読み進めていただけると幸いです。

4章

自分の手で人生をしまうための前準備

亡くなったあとの手続きを託す方法

4章で解説する「ひとり終活」のポイント

こんな時に安心！

- □ 子どもがおらず、死後の手続きのことを頼めない
- □ 身寄りがいない、いても死後に手を煩わせたくない
- □ 葬儀や供養のされ方に、明確な希望がある
- □ 自分が亡くなったあと、家の片づけが心配
- □ お寺とのやり取りをしてほしい

死後事務委任契約

・遺体の引き取りや葬儀、親族や知人、お寺への連絡を行う
・死亡届の提出や埋葬許可申請などの手続きを行う
・施設の費用や病院の入院治療費などを支払う
・遺品整理や納骨に関することを行う

亡くなったあとにも、こんなにやることがある

人1人が亡くなると、その影響は大きなものがあります。さらにおひとりさまの場合は、状況によってはその後の手続きに支障をきたし、関係者の負担が大きくなってしまうことがあります。

本人はもうこの世にいないので、遠い親戚、生前に関わっていた人など、遺された人たちに多くの負担がのしかかります。

仮に病院で亡くなれば、誰かが遺体の搬送を行わなければなりません。実際に運ぶのは葬儀社にはなりますが、病院との打ち合わせや葬儀社に連絡する誰かが必要となります。

注意が必要なのが、病院はいつまでも遺体を安置してくれないということです。霊安室がありますが、長時間利用させてもらえるわけではありません。患者の死亡により、病院からは遺体の引き取りを求められます。遺体は通常、自宅や葬儀会場に搬送されることになります。

この時、同時並行で行わないといけないのが、今後の葬儀の打ち合わせです。ひと口に葬儀の打ち合わせといっても、その内容はかなり多岐にわたり、葬儀の形式から祭壇や骨壺のことまで、事細かに決めることになります。大手の葬儀社だと、結婚披露宴のようにたくさん種類やプランがあるので、1つひとつ決めていくのは結構な労力がいります。一方、近年は家族葬など、こぢんまりとした葬儀の形態が増えており、ある程度、一式でお任せできるところもあります。

葬儀社が法要を執り行うわけではないので、お寺や神社などと連絡を取ることになります。葬儀社がお寺との調整を行ってくれることもあるので、どこまで遺された人達のほうで行わないといけないのか確認すべきところです。

連絡が取れれば、通夜・葬儀などの日程を決めていきます。その際、初七日法要を同時に行うのか、戒名はどうするかなど、細かい話が出てきます。そして日程が決まれば、親族や関係者へ連絡を入れていきます。

葬儀が終わったあとは、火葬・埋葬・納骨へと続いていきます。最近は墓じまいをしてしまい、散骨や合祀塔《ごうしとう》への永代供養を希望する方が増えています。いずれにしても、それらの手配は誰かがしないとならないのです。

一方、葬儀などの法要以外にも、やるべきことはたくさんあります。

入院していたのなら入院費の清算、同じように施設にいたなら施設代の清算や還付金の受け取りを行います。

病院や施設に本人の所有物が遺っていれば、誰かが受け取らなければなりません。遺品が多ければ、遺品整理業者などに依頼し、費用を支払う必要があります。その際、仏壇や過去帳などが遺っていることがあり、その処理について頭を悩ませることがあります。

施設ではなく最期まで自宅にいた場合、あるいはまだ自宅が残っていた場合は、不動産を今後どうするのかという問題が出てきます。空き家や所有者不明土地が社会問題となっているように、処分や引き継ぎがうまくいっていないケースが多発しています。

自宅があれば、公共サービスを利用していることが多いでしょう。電気、ガス、水道、NHKなど、これらも折を見て解約する必要があります。固定電話や携帯電話に関しても同じことがいえます。

健康保険証や介護保険証は、2週間以内に返却しないといけないと決められていますので、すみやかに返却しなければなりません。年金についても、死亡の旨を知らせた上で支給を停止する必要があります。

葬儀が終わり、役所関係が片づいても、これで終わりではありません。自宅を含め、遺った財産、いわゆる遺産相続をどうするのかというのも重要なテーマです。

本人が遺した財産の内容がわかっていればよいのですが、そうでなければ調べるところからスタートしなければなりません。相続税の申告や不動産の名義変更など、手続きによっては、期限が設定されているものもあります。

遺された人がこれらの死後の諸々の手続きを行っていくのは、かなりの負担となります。そもそも生前に準備していなければ、相続権がある人がおらず手をつけられない事態となることさえあります。そうなれば、遺った財産が完全に宙に浮いてしまいます。

「自分の骨は自分で拾えない」と言って、きれいな形で人生を終えられるよう準備を進められる方もいらっしゃいます。そのような主体性が、悠々自適な「安心老後」へとつながるのです。

代わりに手続きをしてもらう「死後事務委任契約」

死後のことというと「遺言」をイメージする方も多いはずです。亡くなったあとのことを任せるのは、遺言だと……。

しかし、遺言があれば万能だというわけではありません。後見人制度のところでも似たような説明をしましたが、1つの制度だけですべてに対応することはできないのです。

そもそも遺言というのは、遺った財産をどのような形で分けるのかという財産に関することがメインとなります。不動産は妻に相続させ、預貯金は子どもに相続させるといったような内容で、生前に自分の財産の配分を決めておきます。

もちろん、財産的なこと以外についても決めておくことは可能です。遺言で子どもを認知したり、財団法人を作るために寄付をしたり、祭祀承継者を指定することなどもできるとされています。

ただし、遺言でできることは、財産の配分を中心に法定されています。裏返せば、法定されていないことは遺言ではできないのです。

もちろん、遺言には「付言」といって自分の思いを記すことができます。例えば、「納骨はどこのお寺でしてほしい」などの希望を遺すことはできるでしょう。しかし、法的な効力は認められないのです。

そうすると、葬儀、納骨、親族・知人等への連絡、生前の支払いのことは法定されていない以上、遺言とは別に決めておくのが望ましいでしょう。

なかには、葬儀の執り行いについて書いてある遺言も見受けられます。病院や施設代など死後に行う支払いを「遺言執行者」が行うよう定めているものもあります。

遺言では祭祀承継者を指定することができることからもわかるように、死後事務に関することを定めるのが認められないというわけではありません。とはいえ、これまで述べた通り、遺言でできることは法定されているので限界があります。

繰り返しになりますが、死後に行うことは本当に多岐にわたります。

葬儀だけでも、そもそも葬儀を希望するのか、希望するならどこの葬儀社に依頼するのか、葬儀の形式は仏式なのか神式なのか、規模や予算はどれくらいにするのか……。具体的に決めようとすれば、いくらでも決めるべき事項があります。

納骨についても同じことがいえます。納骨先はどうなっているのか、永代供養にするのか、それとも散骨や樹木葬を希望するのかなど、個人の考えはさまざまです。

葬儀や納骨のことにとどまりません。遺品の整理、関係者への連絡、各種会員の解約、水道や電気、ガスの停止と、やるべきことはいくらでも挙げることができ、死後に行うことは思った以上に多いのです。亡くなったら終わりではなく、亡くなってからがスタートと考えておいたほうがいいでしょう。

そのため、死後の事務処理についてはどうするのかを決めておくと同時に、それを誰にやってもらうかを決めておくことが重要です。

そこで出てくるのが「死後事務委任契約」というものです。おひとりさまが増えている現在、注目されている手続きの1つとなっています。

死後事務委任契約では、これまで述べてきたような死後のことについて、自分の希望を伝えておきます。その希望通りに動いてもらうため、しかるべき人や団体と生前に契約を結び、いざという時に実行してもらいます。

（委任事務の範囲）

第2条　甲は、乙及び丙に対し、甲の死亡後における次の事務（以下「本件死後事務」という。）をそれぞれ委任する。

① 菩提寺・親族等関係者への連絡事務
② 葬儀、火葬、納骨、散骨、永代供養に関する事務
③ 医療費、老人ホーム等の施設利用料その他一切の債務弁済事務
④ 家財道具や生活用品の処分に関する事務
⑤ 自宅内の仏壇の処分、過去帳の引継事務
⑥ 行政官庁等への諸届け事務
⑦ 公共サービス等の解約、清算に関する事務
⑧ 以上の各事務に関する費用の支払
⑨ 以上の各事務に関する復代理人の選任

（葬儀）

第3条　前条第②号の葬儀は、一日葬で行う。会場及び葬儀会社については、乙及び丙にて適宜選択するものとする。

2　甲の葬儀での読経は、次の寺に依頼する。

[redacted]寺

[redacted]法務局管内公証人役場

[死後事務委任の契約書]

令和[redacted]年第[redacted]号

死後事務委任契約公正証書

本公証人は、委任者[redacted](以下「甲」という。)並びに受任者[redacted](以下「乙」という。)及び受任者[redacted](以下「丙」という。)の嘱託により、次の法律行為に関する陳述の趣旨を録取し、この公正証書を作成する。

(契約の趣旨)

第1条　甲は、令和[redacted]年[redacted]月[redacted]日、乙及び丙に対し、甲の死亡後における事務をそれぞれ委任し、乙及び丙は、いずれもこれを受任する(以下、上記甲乙間の死後事務委任契約及び甲丙間の死後事務委任契約をまとめて「本件死後事務委任契約」といい、個別にいうときは「甲乙間の死後事務委任契約」などという。)。

2　甲は、乙及び丙それぞれに対し、各別に委任することができる。

3　乙及び丙は、各々単独でその権利を行使することができる。

[redacted]法務局管内公証人役場

おひとりさまにとって、ある意味、安心材料となる制度ですが、明確な根拠となる法律が整備されているわけではありません。ここが最初に述べた、民法に規定がある遺言とは異なる点です。

実際、死後事務委任契約の内容や受任者はさまざまです。遺品整理業者、身元保証を行う社団法人、法律事務所などが行っています。まさに玉石混交《ぎょくせきこんこう》な状況となっています。

このような背景もあり、どこまで行ってくれるのかなど不明確なことも多く、頼んだはいいけれども、あとあとトラブルになるケースが報告されるようになっています。相続人が存在する際などは、民法の相続法ともリンクするので、本来は慎重に運用されることが望ましいといえます。

これだけいろいろな業種が参入しているので、費用についてもピンキリというのが実情です。ちなみに、司法書士であれば死後事務の報酬を70万円前後としているところが多いようです。

終活事例❽――散骨を申し込んだが、あとを誰に託せばいい？

海が大好きだったFさん（66歳）の夫。生前から、自分が死んだら大好きな海に骨を撒《ま》いてほしいと言っていました。

その希望を叶えてあげたいと、Fさんは海洋散骨ができるところを探していました。個人で行うのはハードルが高いため、葬儀が落ち着いた今、それができるところを調べていたのです。

ホームページをいろいろと見ていると、散骨以外にも樹木葬などの紹介が多く出てきます。お墓に埋葬することが一般的だと思っていたFさんは、選択肢が広がっていることに驚きを感じました。

とはいえ、いいなと思ったところは遠方だったりと、なかなか決め手となる候補が見つかりません。

探しあぐねていた頃、夫と仲の良かった友人が自宅を訪ねてきました。よく釣りに行っていた話など、思い出話に花が咲きました。納骨の話になり、Fさんは近隣で散骨できる場所が見つからないと相談しました。

するると、夫の友人は県内にある○○神社が散骨を執り行っていると教えてくれました。海のそばにある神社で、最近海洋散骨を受け付けるようになったとのことでした。

早速、Fさんは問い合わせをしました。何でも御霊《みたま》が海へと還るために供養してくれるとのことです。また、月に1度船が出て、神主とともに所定の場所で散骨を行っていると教えてくれました。費用も合同散骨だと30万円で、Fさんが考えていた予算内で収まりそうです。これで夫の希望が叶えられると思い、申し込みを行いました。

当日、他の遺族と共に船に乗り、海に夫の骨を撒きました。海面が太陽の光を反射し、キラキラと輝いています。まるで夫が喜んでくれているかのように感じ、胸に熱いものが込み上げてきました。

夫の散骨を終え、Fさんは自分も夫と同じように散骨してほしいと思うようになりました。今回の神社では、生前に契約しておくことができるとのことです。事前に申し込みをしておけば安心だと思い、Fさんは生前の申し込みを行いました。

ところが、ここでふと疑問が湧いてきました。いったい誰が散骨までの手配をしてくれるのかと……。

次々と疑問が浮かぶ中で、Fさんはどうしたらいいのか調べました。頼める人がいない場合は、「死後事務委任契約」というものがあることがわかりました。亡くなったあとの葬儀や納骨などを行ってくれる人と、生前に契約しておくのです。

これならおひとりさまの自分でも希望が叶えられると、少しホッとした気分になりました。ただ、誰に頼むのかという課題にすぐにぶつかりました。

ネット上だとたくさんの情報があふれ、かえって判断に迷ってしまいます。そしてFさんはドキッとする情報を目にしました。死後事務委任契約を結ぶ際の注意点として、契約だけして亡くなったことが伝わらず、実行に至っていないケースがあると知ったのです。

同様に、運営会社が破産や倒産、事業中断する事例もあるとわかりました。確かに身元保証等を行っていた大手の協会が倒産したと、新聞で目にしたことがあります。

せっかく散骨を申し込んだのに、死亡がきちんと伝わらないと意味がありません。本人が亡くなったことが伝わらないケースを防ぐにはどうしたらいいのか、Fさんの悩みは深まるばかりです。

ひとり終活アドバイス

「死後事務委任契約」は、亡くなったあとに行ってもらう事務となります。したがって、死亡を知らせてくれる人がいないと、情報が伝わらないことになります。

それを防ぐためには、死後事務委任契約を受任している人や団体と、生前から連絡を取れる仕組み作りをしておくことが何より重要です。

死後事務委任契約を利用する方の多くは、入院や施設入所においても親族以外の誰かのサポートを必要としています。死後事務にうまくつながるようにキーパーソンに情報を伝えておくのも手です。

死後事務委任契約だけでなく、「任意後見契約」などを併用し、生前から死後までのサポートを受けられるようにしておくことを検討してもよいでしょう。そうすれば、死後事務にうまくつなげられないという弊害をなくすことができます。

「見守り契約」などを利用して日頃の生活状況を把握してもらうようにしておけば、何かあればすぐに動いてもらう態勢を構築できます。

自分の思いを実現する制度はいろいろと用意されています。本書で老後のサポート制度を知りながら、〝備えあれば患《うれ》いなし〟の状況を作りましょう。

考えておきたい、お葬式とお墓のこと

ひとり終活では、避けては通れないことがあります。

それは、「自分が亡くなったあとのお葬式やお墓をどうするのか」ということです。

いくらこれまで自分のことは自分でやってきたとしても、死後のことは誰かに託すしかありません。兄弟や姉妹や甥・姪などあてがあれば、それほど心配することはないかもしれません。しかし独り身であれば、あとあとのことをよく考えながら準備しておきましょう。

「自分が死んだあとのことは知らない」と開き直ってしまうと、〝残念な終活〟となってしまいます。自分の人生は最後まで自分で決めるというスタンスが求められます。

そこでまず考えたいのが、お葬式についてです。何かしらの希望がある場合は、お葬式の手配を事前にやっておくと、いざという時に困らずに済みます。

現在、お葬式のあり方が大きく変わっています。参列者を招く一般的な形から、火葬だけを行う直葬まで、多岐にわたります。自分の時は盛大にやってほしいのか、それとも関係者だけでシンプルに行ってほしいのかなど、いろいろと想いがあるはずです。

いずれにせよ、想いだけでは実行に至らない可能性があるので、まずは自分が任せてもいいという葬儀社を見つけることです。すでに互助会に入っていれば葬儀社は決まっているると思いますが、そうでなければ親や配偶者などの葬儀で任せたことがあるところだと安心かと思います。

時代を反映してか、今では葬儀社主催の葬儀体験ツアーなども用意されています。そういうものに参加してみるのも1つの手です。伝手《つて》がなければ、市政だよりなどに載っている会社に問い合わせてみるのもいいでしょう。

目途《めど》がつけば、自分が希望する葬儀スタイルについて葬儀社と打ち合わせます。今は事前に相談に乗ってくれる葬儀社が増えています。プラン等が決まれば、予約したり、生前の契約をしたりしておきます。

注意しておかなければならないのが、これまで見てきたように、何かあった時に情報がきちんとしかるべき人に伝わるようにしておくということです。いくら葬儀社と生前に契約していても、葬儀社に連絡して、その後のやり取りをしてくれる人が必要となります。

死後事務委任契約の受任者や身元保証をしてくれる人がいれば、それらの人を葬儀社に伝えておきます。何かあったら、受任者から自分の代わりに連絡がある旨を伝えておくと、お互い安心して葬儀の準備に取りかかることができます。

一方、お墓についても同じようなことがいえます。

自分のお墓をどうするのかについても、決めておくことが有益となります。ひと昔前であれば、先祖代々のお墓に入るか、あるいは新たにお墓を購入するかが主な選択肢でした。ところが、それをしてしまうと、自分のあとを引き継ぐ人がいない、あるいは管理する人がいないという事態になってしまいます。おひとりさまであれば、墓じまいや自分の代で完結するお墓のあり方について考えておく必要があります。

いわゆる〝墓じまい〟は、今あるお墓から遺骨を取り出して墓石を取り壊し、更地にすることをいいます。墓じまいの方法は、改葬と墓処分とに分けられます。

改葬とはお墓の引っ越しを意味します。墓処分とは、新たにお墓を建てることなく、今あるお墓を処分してしまうことです。

おひとりさまの場合は、遺った遺骨を永代供養の合祀墓に納骨するなどの墓処分が選択肢として考えられます。永代供養を検討するのであれば、永代供養墓や納骨堂があるかなどをお寺に確認するようにしましょう。費用についても把握しておきたいところです。

お墓を管理する人がいないという問題に加え、お墓を管理するお寺そのものがなくなってしまい、お墓が荒れ果てている状況が指摘されています。今や〝お墓のお墓〟が求められる時代なのです。

近年増加している、引き取り手のない「無縁遺骨」

おひとりさまの増加により、各自治体にもさまざまな課題が生まれています。

特に今、問題となっているのが〝無縁遺骨〟の取り扱いです。無縁遺骨とは、引き取り手のない遺骨のことを指します。

ひと昔前であれば、それこそ親族や関係者がいない身元不明者が無縁遺骨となる傾向が強かったとされています。ところが、昨今の世相を反映してか、今は仮に親族がいても遺骨の引き取りを拒否し、その結果、無縁遺骨となるケースが多発しているのです。

まさに地域や家族の絆が乏しくなっていることを象徴しているのではないでしょうか？

当然のことながら、遺骨が管理できないからといって道端や山の中に遺骨を放置することは許されません。遺骨を捨てることは法律で禁止されており、そのような行為をすると死体遺棄罪として罰せられることになります。

このことは刑法で定められていますが、墓地、埋葬に関する法律（以下、「墓地埋葬法」）においても、埋葬または焼骨の埋蔵は、墓地以外の区域で行ってはならないと定められています。

そして、誰も葬儀をする人がいない遺体については、墓地埋葬法により自治体が火葬するとされています。日本では遺体の引き取り手がいない場合、自治体が火葬から納骨までを親族の代わりに行わなければならないのです。

無縁遺骨となった遺骨は、自治体が管理・保管することになります。親族に受け取りをするよう依頼しても、拒否されたり、無視されたりするケースも増えており、納骨堂では足りず、執務室のキャビネットや倉庫まで使用しなければならない事態も報告されています。自治体がキャパオーバーとなりつつあるのです。

この無縁遺骨増加という社会問題を受けて、総務省が初めて自治体に対し実態調査を行いました。その結果、２０２１年10月に全国の自治体で管理・保管する無縁遺骨は、約６万柱であることが確認されたのです。しかも、そのうち約９割は身元が判明しているにもかかわらず、無縁遺骨となっていることが明らかになりました。

このことからも、親族や知人がいても無縁遺骨とならないとは決して言えない社会となっていることが浮かび上がってきます。

こうした事態を防ぐためにも、やはり亡くなったあとのことにまで思いを巡らせておく必要があります。〝死んだら終わり〟で何も準備していなければ、無縁遺骨となり、周りがその対応に困り続けてしまいます。

死対策としては、この章で出てきている「死後事務委任契約」が有効手段となります。

後事務委任契約を結ぶ段階で、必ずお墓や遺骨はどうするのかという問いかけが出てきます。そこを検討することで、遺骨の行き先を決めることができるのです。

おひとりさまこそ、縁がある、しかるべきところに遺骨が納まるよう、事前にきちんと手配しておく必要があるのです。

終活をサポートする自治体の取り組み

前項では、無縁遺骨が増え、自治体の負担が大きくなっているとお伝えしました。少子高齢化への対応が待ったなしとなっているのです。

その一方で、率先して住民の終活をサポートする自治体が現れています。

自治体による市民への終活支援という先進的な取り組みが注目されているのが、神奈川県横須賀市です。横須賀市では頼れる親族がいない低所得者の方に対し、葬儀・納骨の契約を生前に準備する事業を行っています。

注目すべきは、その実施時期です。おひとりさまが増えることが見込まれるようになっていた2015年度から実施しているのです。まさに少子高齢化、無縁社会、多死社会といった社会変化を見据えた上での、住民に寄り添った行政サービスではないでしょうか。国のリーダーたちがよく口にする「スピード感を持って」を地で行く政策実行を、すでに開始しているのです。

横須賀市の取り組みはそれだけにとどまりません。2018年には、希望する全市民を対象として、緊急連絡先やかかりつけ医などを登録する事業をスタートさせました。そうすることで、何かあった時に病院などからの照会に対応することができる仕組みを構築できます。まずはその人の生活状況を正確に把握しておくことが、何より重要なのです。

このような取り組みは、おひとりさまで託せる親族がいない際に効果を発揮するものと思われます。〝行政版エンディングノート〟といってもいいでしょう。

メリットがあるのは市民だけではありません。行政サイドにもあります。

生前から市民の生活を支えることは、実は自治体の負担を減らすことに直結します。市民から身寄りのない方の相談が自治体窓口に寄せられることは、よくあるはずです。その時に、何ら相談スキルや行政サービスを用意していなければ、いわゆるたらい回しになる可能性があります。それでは何の解決にもならず、問題の先送りとなるだけです。問題を先送りにしていれば、自治体が抱える潜在的な課題をどんどん増やしていくことになりかねません。ましてや具体的対応策がないと、市民からの自治体に対する不信感が増す要因になってしまいます。

これは無縁遺骨の問題にも当てはまります。生前から市民と契約しておけば、おひとりさまに何かあった時、円滑に本人の希望に沿いながら死後事務を行うことができます。その結果、自治体が管理する無縁遺骨を減らすことにつながるのです。

全国どこにでもある行政の相談窓口として知っておいてほしいのが、地域包括支援センターです。各市区町村に設置されており、介護の現場などでは「包括」と略称で呼ばれています。

この包括ですが、高齢者の暮らしを地域でサポートするための拠点として、２００６年(平成18年)の改正介護保険法の施行に伴い設けられました。介護予防ケアマネジメントといって、要支援１および２の認定を受けた高齢者に対する介護予防ケアプランの作成を行っています。他にも、高齢者の生活に関する相談事業や、詐欺や悪質商法などから高齢者を守る権利擁護事業などを行っています。

また、医療、保健、介護など地域のネットワークを持っています。相談先がわからない際に、医療機関、介護保険施設、民生委員、消費者センターなど適切な窓口を紹介してもらうこともできます。

いずれにしても、自分が住む自治体にどういったサービスがあるのか知っておくことが生活や終活に役立ちます。区役所や町役場であれば、普段から住民票を取りに行ったりするなど、住民にとって身近な機関ではないでしょうか。そこが3章で出てきた後見人制度と違うところです。裁判所というと、どうしても一般市民にとってハードルが高くなってしまいますが、自治体のサービスならもっと気軽に利用できるのではないでしょうか。

国立社会保障・人口問題研究所の調査では、「高齢単身男性の6人に1人は2週間に1回以下しか会話しない」という結果が報告されています。おひとりさまは社会から孤立し、心身の衰えに気づいてもらえないリスクがあるのです。

そういう意味でも、自治体と接点を持っておくことがいかに重要であるか、ご理解いただけるかと思います。

今すぐ始めたい「生前整理」と「デジタル終活」

終活というと、お墓のことや遺言の作成など、何かあった時のことを想定して進めている方が多いようです。

では、生きている時、つまり生前に準備することはないのでしょうか？

もちろん、そんなことはありません。むしろ生前整理こそが、終活の大部分を占めるべきだと筆者は考えています。

身近なところで、自宅にある服について考えてみましょう。何年も着ていない服がタンスに眠っていないでしょうか？　購入した時はよく似合っていると思っても、流行や年齢、それに体形が変わるにつれて、合わなくなっていくものです。

同じように、使うことがない通帳をいくつも持っていないでしょうか？　いくつも通帳を持っている人に多いのが、現役時代に知人や取引先などから頼まれて、とりあえず開設したというパターンです。

残高がほとんど残っていなくても、相続ではその額にかかわらず銀行に出向き、解約手続きをしなければなりません。おひとりさまで相続人が甥や姪の場合、仕事や家庭で忙しい現役世代の人が何度も銀行に行くのは、けっこうな労力となります（最近は昼間に窓口業務を停止する銀行も多くなっていますし……）。

服にしろ通帳にしろ、あとあと処理する人のことを考えておきたいものです。使っていない物が家の中にあれば、生前に処分したり解約することが望ましいでしょう。そうすれば「私が死んだら、これはどうなる⁉」などと余計なことを考えず済むようになり、気持ちまでスッキリします。

人間関係についても、見直してもいいかもしれません。一気に整理しようとするのは難しいですが、手をつけられるものもあります。

典型的なのが年賀状ではないでしょうか。〝年賀状じまい〟〝終活年賀状〟などと呼ばれ、翌年以降の年賀状をやめる方も増えています。

年賀状によって生存確認ができるという発想もありますが、これだけデジタル化が進んだ現在では、ハガキを買いに行くことに手間を感じるのも事実です。また、高齢となると宛名を書いたり、誰に出したかなど年賀状を管理したりすることが難しく、負担となることがあります。

他にも、毎年開催していた集まりに区切りをつける、生前葬として元気なうちにパーティーを開いてその後は夫婦水入らずの生活を楽しむ、といった動きも出始めています。

積極的に人間関係を整理せよといっているのではなく、自分の生活を最優先できる環境を整えることが、何より前向きな終活となります。

また、誰でも人に見られたくないものがあるはずです。遺品整理を意識して、自分が亡きあと見られたくないものがあれば、生前に整理しておくことを検討しましょう。

ちなみに知人から聞いた話ですが、ある方の相続手続きを進めていたところ、貸金庫があることが判明したそうです。相続財産が他にもあるのかと思い、財産関係の物が入っているだろうと考えていたとのこと。

ところが開けてびっくり！　何と、いかがわしい写真が大量に入っていたのです。本人は生前の整理が間に合わず相続のタイミングで見つかるとは予想だにしていなかったことでしょう。

　これは極端な例ですが、これからの人生を思い煩うことなく生きていくために、生前にできることは何なのかを意識しておきたいものです。

　そして忘れてはいけないのが、ネット上に遺した自分の情報です。近年ＳＮＳが急速に発達し、アカウントをいくつも持っていることも珍しくありません。「デジタル終活」という言葉があるように、死後もその人固有のアドレスやアカウントが遺っていることが問題となっています。

　ＩＤやパスワードを知らないとログインできないため、本人が亡くなっているにもかかわらず、個人情報がネット上に永久に遺り続けることになってしまいます。使わないアカウントは生前に削除や退会をするか、ＩＤ等をエンディングノートに書き記し、その後の処理ができるようにしておく配慮が求められます。

知人に死後を託すのは意外に難しい

ひとり終活を考えている人の中には、士業や身元引受を行っている団体などを利用することに抵抗感を持っている方が少なからずいます。その理由は費用面などもあるでしょうが、あまり大ごとにしたくないという思いがあるようです。

そのような方によくあるのが、自分の死後について知人に託すという選択です。たとえ独り身であっても、同じマンションに住む人、昔からの友人など、キーパーソンになってくれる人は確かに存在します。

実際に普段、相談を受けていると、依頼者本人だけかと思い面談に臨んでいると、友人の同席を望む方もいらっしゃいます。他にも、友人が本人の代わりに通帳を預かっていたり、施設に訪ねてくるのは親族ではなく知人だけということもあります。

そのような知人に死後を託すことが、できないということはないでしょう。ただし、その場合、気をつけておいたほうがいいことがいくつかあります。

まず、これまで仲良くしていた知人が、最後まで面倒を見てくれるとは限らないということです。友達同士で最初は「いいよ、いいよ。私がするよ」と言っていても、人の気持ちは移ろいやすいものです。

例えば、本人が認知症になってこれまで以上に手がかかるようになったり、死後のことが手に負えなくなったりして、急に手を引いてしまうことは往々にしてあります。これ以上は関われないという感情が湧いてくるのです。もちろん本当はサポートしたいけれども、自分自身や家族のことで手いっぱいになり、手を引かざるを得ない場面もあります。

「終活事例❸」（27ページ）のように、信頼していた友人にお金の管理を任せていたけれど、いつの間にか使い込まれてしまったという方もいます。あまりに残念な結末にならないとも限りません。

本当に最後までお願いしていいのか、知人だからと安易に考えるのではなく、慎重に判断しなければなりません。

他にも問題となるのが、知人に任せた場合の根拠です。いったいどんな立場でその人の手続きなどをやっているのか、契約書や遺言といった裏付けが必要となります。口約束だけでは、対外的には通用しないのです。

本来、死後の手続きは親族が行うべき事柄といえます。知人というだけでは、周りの人に「この人は何の権限があって動いているのか?」と不安を与えることになりかねません。

遺言執行者や死後事務委任契約の受任者には、資格制限は設けられていません。専門家でなければならないという決まりもありません。どうしても知人に頼みたいということであれば、契約書や遺言を作成するなどして、書面上で権限を明確にしておくのが賢明です。

そして、報酬についても取り決めをしておいたほうがいいでしょう。知人のよしみだからといって変に気兼ねしてしまうと、あとあとトラブルにならないとも限りません。報酬について決めていなかったものの、想像以上に手間がかかり、あとから報酬を請求されるということも珍しくないのです。

なお、死後事務委任の報酬については、相続とも関係してきます。本来相続人に入る遺産から一方的に報酬を受け取ったりすると、相続人ともめる要素が出てきます。いくら相続人が死後のことにタッチしていなくても、相続人の権利を無視するわけにはいかないのが実情です。

このように〝知人だから〟と安心して丸投げしていると、思わぬ落とし穴にはまることがあります。むしろ知人だからこそ、慎重に準備しないといけないのです。

民間の高齢者サポートサービスを利用する際の注意点

先ほど、先進的な取り組みを行っている自治体についてお伝えしましたが、国のほうでも動きが出てきています。与党の国会議員有志が、2023年8月に「身元保証」を担う事業者の登録制度創設などの法整備を求める要望書を政府に提出したのです。

これらの動きを受けて、岸田首相は「安心してサポートを受けられる仕組み作りに取り組む」と表明しました。

この背景には、身元保証トラブルが相次いでいることがあります。消費者センターに寄せられた相談は年平均100件を超える数になっています。相談内容としては、

・預託金を払うように言われたが、詳細な説明がない
・通帳や印鑑を返してもらえない
・契約内容がよくわからず、高額なので解約したい
・契約をするつもりがないサービスが含まれていた

・解約したところ、説明がないまま清算された

といったものがあり、説明責任や金額を巡るトラブルが発生していることがわかります。

これまで見てきた通り、施設の入所や病院への入院時には、身元保証人が求められます。おひとりさまにとって、身元保証人を確保することは死活問題なのです。同様に、死後の事務処理についても、それを遂行してくれる人を確保しなければなりません。そのような社会的ニーズがあるため、身元保証や死後事務を行う民間業者が増えている現状があります。

一方で、法整備が追いついていないため、野放しとなっている側面は否定できません。事業を監督する官庁すら決まっていない状況です。

現状においては、1人ひとりがしっかりと依頼する相手を見極めるしかありません。これまでの人生経験で培ってきた〝相手を見極める力〟が、今後ますます必要となってくるでしょう。

とはいえ、それだけは心もとないと思いますので、見極めのポイントについても触れておきます。

まず、いきなりすべてを頼まないことです。おひとりさまをサポートするサービスは幅広く、それこそ「見守り」から「死後事務委任」まで多岐にわたります。民間業者の場合、サービスが増えるごとにその分、費用が加算される傾向にあります。

今、見守りが一番気になっているなら見守りについて、病院の付き添いをお願いしたいならそのことについて、といった具合にサービスの一部を依頼してみます。それを利用することで、ちゃんとやってくれるのか、他のことも頼むに値するのかを確認することができます。まずは様子を見るという発想が重要です。

預かり金についても注意が必要です。「明日どうなるかわからない」など言って支払いをせかすような相手はやめたほうがいいでしょう。そもそも何のために預けるのか、書面に基づく明確な説明が必要です。業者が破綻した事例もありますので、高額な預け金であれば断るべきですし、用途が不明な預け金は支払う必要はありません。

担当者がコロコロ代わるようなところも気をつけなければなりません。信頼関係を構築するには時間がかかるものなので、人が次々と代わるようではそれも難しくなります。すぐに連絡が取れるかも要チェックです。連絡がお互いすぐに取れるというのは、信頼関係

［高齢者サポートサービスを利用する際のポイント］

身元保証や死後事務委任など、民間の高齢者サポートサービスを利用する際は、あとあとのトラブルを防ぐために、以下の点を確認するようにしましょう。

①要望の整理

・自分が何をしてほしいのかを明確にする（日常生活支援、身元保証、死後事務委任等。その内容についても考える）。

②支払い能力の見極め

・利用するたびにお金がかかるサービス、月ごとに手数料がかかるサービスの場合、使う可能性がある期間（例えば平均余命）を想定して、総額を計算してみる。
・自分の資産状況と照らし合わせて、支払えるかどうかを検討する。

③サービス内容の確認

・自分がしてほしいこと、期待することを明確にして、事業者に伝える。
・事業者ができないことは何かを確認し、納得した上で書面に残す。
・契約書（案）の内容は変えられることもあるので、積極的に希望を出す。

④今後のことを考えた対策

・自分の認知能力・身体能力が衰えた時にも適切なサポートが受けられるよう、誰と何の契約をしているかを書面に残し、緊急連絡先等とともにわかりやすいところに保管する。
・契約の内容を変更したり、解約したりする場合の手続きを文書で説明してもらい、確認する。

（参考：消費者庁ウェブサイト）

高齢者サポートサービスは、あくまでも民間の事業者です。誰に相談したらいいかわからない場合は地域包括支援センター、事業者との契約で不安な点がある場合は消費生活センターなど、公的な機関に相談することをおすすめします。

を築く上でとても重要です。

業者の中には、金銭管理を代行するところもあります。しかし、金銭管理までお願いすると、通帳やまとまったお金を預けることを覚悟しなければなりません。後見人制度であれば、家庭裁判所の監督機能が働くので、後見人と役割分担できないかなど検討する余地があります。

このように現状においては、個人の経験則や判断に委ねるところが大きくなっています。本人がしっかりしていればいいのですが、体調に問題が出てきたりして立場が弱くなると、業者に言われるがままになってしまう可能性は否定できません。判断能力に衰えが出ていれば、思うように業者を選べず不利益を被ってしまうリスクがあります。

問題を解決するには、やはり制度から変えていく必要があります。政府には死後事務委任や身元保証を行う民間企業の監督機関を定め、登録制度を創設するなど、おひとりさまが安心してサービスを利用できるよう、法整備を進めていただきたいと願っています。

5章

自分らしい人生をつくる遺言と相続

押さえておきたい「おひとりさま」ならではのポイント

5章で解説する「ひとり終活」のポイント

こんな時に安心！

- □ 子どもがおらず、配偶者に十分な財産を遺したい
- □ 独り身で、財産を分け与えたい特定の人がいる
- □ 社会福祉団体や公益団体に財産を贈りたい

遺言

- ・「妻（夫）に全財産を相続させる」など財産の分け方を意思表示できる
- ・主に自筆証書遺言と公正証書遺言の2種類がある
- ・義理の娘など、法定相続人以外にも財産を渡せる
- ・公益法人などの団体に財産を贈る意思を伝えられる（遺贈）

こんな時に安心！

- □ 独り身で、子どもや身寄りがいない
- □ 配偶者がいるが、子どもや身寄りがいない
- □ 自分が亡きあと、遺言を執行してくれる人がいない

遺言執行者

- ・遺言の内容を実現するための手続きを行う
- ・預貯金や不動産などの相続財産の名義変更や解約が可能
- ・財産目録の作成や相続人を確定しておくとスムーズ

「ひとり終活」は遺言が必須

ひとり終活で必ずやっておかなければならないのが、「遺言」の作成です。

すでに遺言を準備しているという方はいますが、全体的にはまだまだ少ない状況です。

手をつけない理由としては、自分の死後のことなので気が乗らないというものがあります。

これだけ終活が話題に上るようになっても、遺言のことを忌み嫌う方も現実におられます。「縁起が悪い」「不謹慎だ」などと抵抗を覚えてしまうのです。

以前、子どもがいないご夫婦で、今後のことを心配した妻から、夫に遺言を書いてもらいたいという依頼を受けました。遺言は決して不吉なものではなく、家族を守ることになるとお伝えしました。そして、その時は「一筆書いておこう！」という気持ちになられました。

ところが翌日、夫から連絡が入りました。「俺は書かない！」「まだ死なん!!」と……。

結局、妻は夫が亡くなったあとの相続手続きで苦労されたのですが、どうも夫のほうは遺言を〝遺書〟のようにとらえていたようです。

人によってはなかなか手がつけられない遺言ですが、遺言があるのとないのとでは、いざという時に大きな差が出てきます。むしろ、ひとり終活では遺言がないと大変なことになると思っていたほうがいいでしょう。

では、なぜひとり終活の場合に遺言がないと大変なことになるのでしょうか？ 大変だとお伝えしただけでは現実味を帯びないので、遺言が〝マスト〟であることを丁寧に説明していきたいと思います。

おひとりさまと遺言、このことを考えるに当たっては、相続関係を押さえておくことがとても重要です。

夫婦の場合、どちらかが亡くなれば、必ずどちらかが相続人となります。ここまでは広く知れ渡っていることです。もっとも、戸籍上の籍が入っていることが前提とはなります。ところが、ここで情報が止まってしまっている方が少なくありません。子どもがいない場合、自分が亡くなればパートナーに引き継がれるととらえているのです。もちろん、間違いではありません。

しかし、夫または妻に〝すべてが引き継がれるわけではない〟のです。夫または妻以外にも、引き継ぐ対象となる人が民法で規定されています。それが、亡くなった夫または妻の兄弟や姉妹です。亡くなった人の親も対象となるのですが、一般的には先に亡くなっていることが多いので、ここでは考慮せずに話を進めます。

パートナーだけでなく、兄弟や姉妹も対象になるということは、その人たちにも権利があるということです。権利があるということは、亡くなった夫、または妻の遺った財産を引き継ぐに当たっては、その人たちの同意がいることを意味します。もちろん、これまで関係がなかったり、仲が悪かったり、何ら資産形成に貢献していなかったとしても同様です。

亡くなった方が兄弟や姉妹には渡したくないと生前に言っていたとしても、それだけでは権利の一部が引き継がれるのを防ぐことはできません。遺されたほうとしては、遺産について、兄弟や姉妹に開示したり同意を求めたりしないといけないことになります。

もし異母兄弟や異父兄弟がいれば、同じく亡くなったパートナーの相続人となります。その時の心理的なプレッシャーは相当なものです。

子どもがいない相続における相続人は、兄弟や姉妹にとどまりません。兄弟や姉妹も同じように年を取るので、本人より先に亡くなっていることがあります。そのような場合は、兄弟や姉妹の子ども、つまり甥や姪がパートナーと同じ相続人となるのです。かわいがっていた甥や姪なら抵抗はないでしょうが、まったく面識のない甥や姪ならどのように感じるでしょうか……。

ここまでは、亡くなった方に兄弟や姉妹がいるケースでお話ししました。その一方で、まったく身寄りがない方もいらっしゃいます。生涯独身で兄弟や姉妹もいない方です。そのようなケースだと、相続人が1人もいないことになります。遺言で寄贈先を指定しないと、これまで築いてきた財産が宙に浮いてしまう恐れがあります。財産だけが遺り、承継できる人が誰もいないことになりかねません。

相続人がいない場合に加え、相続人の1人と連絡が取れない場合も、相続手続きが進められなくなります。兄弟や姉妹が多かったりすると、相続人の範囲が無限に広がることもあり得ます。

このような複雑な相続を避けるためにも、真っ先に遺しておかなければならないのが遺言です。遺言があれば、「パートナーにすべて」とすることも、自分が希望する人や団体に財産を受け継いでもらうこともできます。

自分の死後が心配で心配でたまらなかった方が遺言を作ることで、心穏やかに過ごせるようになったケースは多くあります。

兄弟や姉妹、甥や姪に「遺留分《いりゅうぶん》」の権利は認められていないので、その心配をする必要もありません。遺留分とは、相続人に最低限保障される遺産に対する一定の権利のことです。例えば、相続人が配偶者や子どもであれば、遺言で財産をすべて受け取ることになった他の相続人に一定の金額を請求できます。

このように見ていくと、ひとり終活には、やはり遺言は〝マスト〟なのです。

遺言の書き方を間違えると、無効になることも

とはいえ、どのような形式で遺言を書けばいいのか迷われる方も少なからずおられます。

公証役場に行けば作れるのは知っているが、どのように進めたらいいのか？　自分で書

こうと検討しているが、用紙はどうしたらいいのか？　など気になることはたくさん……。書こうと試みたものの、最初の段階でストップしてしまうことが往々にしてあります。

そうならないようにするため、遺言の種類、それぞれのメリット・デメリットについてしっかりと押さえておきましょう。

遺言は公証役場で作成する「公正証書遺言」と、本人が手書きする「自筆証書遺言」とに大きく分けられます。それぞれメリット・デメリットがあるのですが、公正証書遺言のメリットが自筆証書遺言のデメリットだったり、自筆証書遺言のメリットが公正証書遺言ではデメリットだったりするのです。

いずれにせよ、それらを対比しながら自分により合った遺言を選ぶことになります。

メリット・デメリットの観点からも、以前は依頼者の方に公正証書遺言をすすめていました。しかし、近年の法改正により、自筆証書遺言の弱点が改善されつつあります。

というのも、せっかく手書きの自筆証書遺言を作成していても紛失する、あるいは誰にも気づかれずに使用されないリスクが、かねがね指摘されてきました。それに対して、2018年の相続法の改正により、新たなサポート態勢が追加されたのです。従来は自宅などで保管しないといけなかった自筆証書遺言を、法務局という公的機関が保管してくれるようになりました。これにより、紛失リスクだけではなく、内容に反対する相続人等からの改ざんを防ぐこともできるというメリットも生まれました。

もう1つ懸念材料だったのが、様式が厳しく定められた遺言を不備がないよう作成する難しさでした。

自筆証書遺言では、財産目録を除き、全文を手書きしないといけません。ところが、すべてパソコンで作成してしまっているものが見受けられます。パソコンで記載し、最後の署名だけ手書きしているものもありました。

遺言作成日である日付についても注意が必要です。なかには日付が不明なものが散見されます。日付そのものがないだけでなく、手紙の要領で「○年○月吉日」としてしまっていたりするのです。遺言が複数ある場合は、日付が最新のものが優先されます。そのため、いつ書いたものなのかがわかることがとても重要で、日付が特定できないものは認められないのです。

日付にとどまらず、書き方にも注意が必要です。「○○をやる」「○○をあげる」、なかには「○○を与えて進ぜよう」といった文言で書いているものが見受けられます。文言が曖昧《あいまい》だと、相続なのか遺贈なのか解釈を巡って疑義《ぎぎ》が出る可能性があります。相続人間で争いになることがないよう記載する必要があります。

他にも、文字が読めない、夫婦共同で作成している、印鑑が押されていない、訂正方法が適切でないといった理由で、効力が認められないものがあります。

この点も法務局を利用すれば、ある程度、様式の不備をチェックしてもらえるとされています。ただし、有効な遺言を保障するものではないことは知っておきましょう。

いずれにせよ、自筆証書遺言を選択した場合は、慎重に作成することが求められます。弁護士や司法書士などの専門家のチェックを受けるなどして、せっかく作成したのに使えないという事態は避けたいものです。

なお、おひとりさまでペットがいる場合は、「負担付き遺贈」という遺言でペットのお世話を頼む方法もあります。

［遺言には主に2種類ある］

自筆証書遺言

遺言を遺す人が、遺言したい内容、日付、氏名を紙に自署し、押印する

メリット	デメリット
・いつでも気軽に書ける ・費用がかからない ・証人がいらないので秘密にできる	・様式不備により無効となることがある ・誰にも見つからないことがある ・検認手続きが必要（※法務局で保管する場合は不要）

公正証書遺言

公証役場で、証人2人以上の立会いのもと、遺言者が公証人に遺言の趣旨を口述し、公証人が筆記する

メリット	デメリット
・確実な遺言が作れる ・遺言書の原本を公証役場で保管してくれる ・謄本の再発行が可能 ・検認手続きが不要	・気軽に書けない ・内容を証人に知られる ・費用がかかる

ょうか。

年に1回、遺言を書き換えるといい理由

理想的な遺言を作るのであれば、定期的に書き換えることを検討してみてはいかがでしょうか。

若いうちに作る方や遺言を不吉に思ってしまう方には、この方法が合っています。毎年内容を検討すれば、自分自身の人生を見つめ直す絶好の機会となります。また、1回きりではなく何度も書き換えていけば、遺言が忌み嫌うものではなく身近なものに感じられてくるはずです。

書き換える頻度については、頻繁に書き換えていたのでは、書く手間などがかえって負担になってしまう恐れがあります。それこそ考えすぎて深みにはまらないよう、年に1回くらいのペースがいいでしょう。

見直す基準日については、特別な日に書き換えるようおすすめしています。具体的には、誕生日や元日などが候補日となります。毎年この日に書き換えると決めておけば、ライフ

イベントの1つとなってきます。

誕生日であれ元日であれ、気持ちを落ち着けて書ける時が望ましいでしょう。遺言というのは、誰にどの財産を遺すのかということがメインとなります。これまで自分と関わってくれた人や団体を思い浮かべながら決めていくことになります。

その時はこの人やこの団体がいいと思っていても、人の気持ちは変わるものです。これまで紹介してきた「終活事例」でも出てきたように、よくしてくれると思っていた人の態度が急変することもあります。逆に病気や介護が必要となった時に、寄り添ってくれる人が出てくることもあります。あくまでも自分がこの人に遺したいと思える人を選ぶことで、自分自身の心の安定を得ることができるでしょう。

なかには、いろいろ考えても誰に遺したらいいのか思いつかないという方もいらっしゃいます。そのような依頼者には、遺贈を受け付ける公益団体のリストをお渡しすることがあります。子どもを支援している、動物を保護している、国際紛争に貢献しているなど、さまざまなジャンルがあります。依頼者の経験や人生観に照らし合わせながら検討してもらうようにしています。

ただし、一度遺贈先を決めたからといって、それに拘束されるいわれはありません。事前に寄付をしたら、その後もしつこく寄付を求めてきたと不信を覚え、遺言を書き換えた方もおられました。

遺言は、作成時に生きている人や実体のある団体を対象として作成します。そうすると、いざ遺言を使う際に、対象者が遺言者より先に亡くなっていることもあり得ます。遺言の効力の観点からは、その部分は無効となってしまいます。

それを防ぐために、第2候補として次の対象者を定めておくことができるようになっています。これは「予備的遺言」と呼ばれています。例えば兄弟に遺しておきたいが、兄弟が先に亡くなってしまった事態を想定して、「万が一、遺言者より前に兄弟が死亡していた場合は甥に相続させる」などとしておくのです。こうすることで、より遺言の精度を上げることができます。

子どもがいない夫婦においては、「たすき掛け遺言」といって、それぞれにすべての財産を遺す内容で作成することがあります。子どもがいない夫婦ではぜひとも作成しておきたい遺言なのですが、もうひと押ししたい時にも「予備的遺言」が有効です。

最初に夫婦どちらかが亡くなれば、遺されたほうは亡くなったパートナーが生前に作成した遺言で手続きをスムーズに行うことができます。しかし、遺った夫または妻の遺言は、すでにパートナーがいない状態となり、使えなくなってしまうのです。

この事態を防ぐためにも、予備的遺言を検討しましょう。ただ、夫婦どちらも健在の間はなかなか決められないという方もいらっしゃいます。そういう意味でも、やはり毎年書き換えることが望ましいといえます。

書き換える際は、以前の遺言は破棄しても問題ありません。もし複数の遺言があって、その内容に矛盾がある場合には、あとの遺言で前の遺言を撤回したものとみなされます。

複数遺す場合は、整合性が取れるように作成しておきましょう。

終活事例❾――遺言の他に、「死後事務委任契約」も必要だった！

妻に先立たれたSさん（79歳）は、自宅で1人暮らしをしています。家事はこれまで妻に任せていたため、何もかも自分1人でしないといけない環境にいまだ慣れません。食事はほとんどコンビニで購入する日が続いています。

もともと家ではじっとしていることが多かったSさん。なかなか家の掃除にまで手が回りません。妻が健在の頃であれば、「お〜い、ここが汚れているぞ」と言えば、妻がすぐに動いてくれました。しかし、その妻はもういません。庭の草木も伸び、どこから手をつけようかと自問するばかりです。

そんなある日、ショッキングなことが起こりました。Sさんが寝室の2階から1階に下りようとした際、足を踏み外し転がり落ちてしまったのです。思わず「お〜い、手を貸してくれ」と叫びましたが、寄り添ってくれる妻はすでにいないことを改めて思い出しました。

しばらく動けずにいたのですが、何とか這《は》いつくばって電話にたどり着き、救急車を呼ぶことができました。ドアを開けなければと思い慌てて玄関に向かいましたが、それがかえってよくなかったようで足を捻挫《ねんざ》してしまいました。

階段から落ちた時に体を強打していましたが、幸い頭は打っていなかったため、大事には至りませんでした。しかし、誰もいない自宅で倒れることの恐ろしさを知り、もう1人暮らしは無理だと認識したSさんでした。

そこで、Sさんは有料老人ホームに入居することにしました。入居の際に身元保証人を求められたので、兄弟にお願いすることにしました。Sさんは3人兄弟の次男です。他の兄弟は同じ市内にいるのですが、弟のほうとは疎遠になっています。結局、兄に頼むしかありませんでした。

兄に連絡し、身元保証人になってほしい旨を伝えました。しかし文句タラタラで、素直に保証人なってくれる様子はありません。もともと愚痴《ぐち》っぽい性格でしたが、ここまでだったかとSさんはあきれてしまいました。とはいえ、疎遠の弟に頼むわけにもいかず、兄に頼み続け、何とか身元保証人になってもらいました。

今回のことで兄弟はあてにならないことがわかったSさん。自分のことは第三者に頼むしかないと強く感じるようになりました。お金が多少かかっても、気持ちよく対応してくれる人にお願いしたいというのがSさんの希望です。

自分に何かあった場合の相続手続きは、法律の専門家に依頼するのがいいのではと考え、以前、家の手続きのことでお世話になった司法書士に相談しました。財産は兄弟ではなく、知り合いが運営しているNPOに寄付したい旨を伝えました。同時に、手続きは兄弟ではなく司法書士にやってもらいたい旨も伝えました。

すると、遺言を作成し、遺言執行者に司法書士を選んでおく方法を教えてくれました。Sさんはこれで兄弟に頼ることなく、自分の希望が叶えられると遺言作成を依頼しました。

遺言が無事に出来上がりホッとしたSさん。これで見守りのある施設で穏やかに過ごせると安心できたつもりでしたが、「ちょっと待てよ」と思わず呟《つぶや》きました。兄弟に頼らないようにしておきたいが、自分の葬儀や施設の片づけはどうなるのかと気になり出したのです。通常は遺った親族がすることになりますが、死んだあとまで兄弟に文句を言われたのではたまりません。

ただ、自分は遺言を作成しているので、遺言執行者に葬儀や死後事務を行ってもらえるのではと期待を抱きました。さっそく遺言執行者になってもらう司法書士に確認したところ、遺言ではそこまで対応できないとのこと。Sさんの考えは希望的観測だったとわかり、まだまだ安心できないと悟りました。

死後すぐにやってもらいたいことを頼むには、遺言とは別に「死後事務委任契約」を結んでおく必要があると教えてもらいました。遺言を執行するには、相続人を調べるとともに財産を調査することから始めるので、死後直ちに遺言を使用するわけではなかったのです。

そこで、遺言執行者になってもらう司法書士に、死後事務もお願いできないか確認したところ、1人でやっている事務所なので死後事務までは対応できないと言われました。司法書士からは、遺言執行者と死後事務委任契約を一緒に行ってくれる知り合いの司法書士を紹介しようかという提案を受けました。

しかし、遺言執行者を受けてくれた司法書士とはこれまでの付き合いもあり、丁寧に対応してくれるので、そのまま遺言は頼みたいというのがSさんの気持ちで、すぐには答えが出ません。

死後事務委任契約だけをやってくれるところを探すか、Sさんはまた迷い始めました。

ひとり終活アドバイス

遺言は実際に使い始めるまでに時間がかかることがあります。遺言執行者への連絡や資料の引き継ぎなど諸々の準備が必要だからです。相続人や財産の調査についても、相応の期間を要します。

財産的なことだけでなく、葬儀をはじめとした死後事務も含めて第三者に頼みたい場合は、遺言にプラスして死後事務委任契約を結んでおくことが重要となります。

遺言と死後事務委任契約は、必ずしもセットで結ばないといけないということではありません。しかし、それぞれの穴を埋めるような形で準備することが望ましいといえます。

遺言には、遺言を実行してくれる人が必要

遺言を作成するに当たっては、財産の配分以外のことについても決めておきたいことがあります。それが「遺言執行者」に関することです。

遺言執行者とは、文字通り遺言を執行する人のことです。いくらしっかりとした遺言を作成していたとしても、亡くなった人が実際の手続きをすることは、当然のことながらできません。そこで、遺言の内容を実現する人を選任しておくのです。個人だけでなく、法

人がなることもできます。

では、遺言執行者は具体的にどのようなことを行うのでしょうか？

端的に言えば、遺言執行者は遺言で指定された人や団体に財産の引き渡しを行うことになります。しかし、そのためには遺言執行者として行うべきことがいろいろとあります。

遺言執行者に指定され、実際に業務を行う際は、その旨を相続人に通知することになっています。そのために遺言執行者は、相続人をもれなく把握しなければなりません。戸籍などを集め、相続人の調査を行うことになります。

相続人がわかれば、遺言の内容を開示していきます。

相続人の調査だけではありません。遺産についても調査を行い、遺言を遺した人にどれくらい、どのような資産があったのか調査を行います。そして、通帳など財産に関する資料は、遺言執行者が管理することになります。

スムーズに遺産が把握できればいいのですが、難しいケースもあります。突然亡くなってしまった、故人がどこかに財産関係の資料を隠していて見つからないなど、いろいろな事情があります。その場合、遺言執行者は銀行などに対して調査を依頼し、残高証明書を取り寄せる業務を行います。

財産が把握できれば、遺言で指定されている相続人や受遺者（相続人以外で財産をもらう人や団体）に受け取る意思があるか確認を行います。せっかくもらえるものを受け取らない人がいるのかと思われた方もいらっしゃると思います。しかし、不動産の受取人に指定されていても今後管理する意思がないため拒否する方や、そもそも遺贈を受け付けていない団体も存在します。

受け取る意思が確認できれば受取人の振込先などを確認し、送金していきます。何人かに4分の2、4分の1などと割合で決めていれば、遺言執行者が計算を行い、按分《あんぶん》して配分を行います。送金の前提として、遺言執行者名義の口座を作り、そこに故人名義から解約した遺産を集めていきます。

遺産の中に不動産があれば、もらう人に名義を移す業務を行うことになります。登記手続きにも関与することになるのです。

無事に遺言の内容を実現できれば、晴れて遺言執行者としての業務は終了となります。

ここまで、ざっと遺言執行者が行うべき業務内容について見てきましたが、いかがでしょうか？　内容にもよりますが、それなりの作業量と時間がかかることがおわかりいただけたかと思います。

法律的な要素を多分に含んでいるため、遺言執行者には弁護士や司法書士といった法律の専門家を選んでおくのが1つの選択肢になります。相続人の希望と異なる場合は、客観的な立場の人が遺言を執行したほうが、トラブルが少なくて済みます。

とはいえ、必ずしも法律の専門家でなければ遺言執行者に選任できないというわけではありません。親族を遺言執行者に指定しておくことも可能です。遺言で財産をもらう立場となっている方を遺言執行者にすることも認められています。自分が財産を受け取るために、自分で遺言を執行するようなイメージです。

専門家であれ親族であれ、遺言執行者については、ぜひ決めておきたいところです。

遺言執行者を決めていないと、相続人が遺言を執行することになります。相続人が多い場合などは権限が曖昧になり、結局、相続人全員が署名したり押印したりしないといけない事態になりかねません。

もし、遺言で遺言執行者が決められていない場合は、家庭裁判所に選任してもらうという方法もあります。もともと決められていた遺言執行者が受けないと受任を拒む、あるいは、途中で亡くなってしまった場合も同様です。

特に自筆証書遺言では、遺言執行者を決めていない文案が多く見受けられます。漏れのないよう作成したいところです。

おひとりさまの相続人になる人は誰か

遺言があれば、それを使いながら手続きをしていくわけですが、ここからは相続の大まかな流れについて説明します。

相続は民法の規定で、本人の死亡によって開始するとされています。つまり、人が亡くなるとすぐに相続が開始していることになります。

相続人が権利や義務を引き継ぐのですが、ご承知の通り、すぐさま相続手続きができるわけではありません。そもそも、葬儀や納骨など相続手続きの前に行うことがたくさんあることは、すでにお伝えした通りです。

四十九日が終わるなど一定の目途がついた段階で、遺族で相続について話し合いが行われることが多いようです。ただケース・バイ・ケースで、死後直ちに話し合いを行うこともあれば、数年間、手をつけていないこともあります。遺った財産の内容や遺族構成によって温度差が見られます。

亡くなってしばらくして相続を行うとして、まず必要となるのが戸籍を集める作業です。亡くなったことを証明するため、戸籍の全部事項証明書を取り急ぎ取っている方は多くいます。

遺言の有無で変わってくるのですが、遺言があった場合は集める戸籍は本人が亡くなったことがわかる戸籍の全部事項証明書があれば、それで足ります（遺言の内容にもよります）。遺言は本人が亡くなることにより効力が出るので、全部事項証明書でそのことが判明するからです。

一方で、遺言がない場合は注意が必要です。本人が生まれてから亡くなるまでの一連の戸籍を揃える必要があります。これは、本人の相続関係を公的に証明するためです。戸籍は本籍で管理されており、本籍の移動がある場合は各自治体に請求をかけていきます。

普段の生活で古い戸籍を取ることは、ほとんどないと思います。また、古い戸籍は手書きで書かれていたり、親族一同が載っていたりして、読み込むことが難しいことがあります。それでも、出生から死亡までつながりを切らさないよう集めていきます。

亡くなった方の戸籍が揃えば、相続関係が明らかになります。なかには生前聞いていなかったにもかかわらず、本人が認知している子どもがいる、養子縁組をしており血のつながった兄弟や姉妹が他にもいる、親が再婚しており、いわゆる異母兄弟・異父兄弟がいる、といったことが判明する場合もあります。

それらを含め、相続人が確定すれば、遺産をどう分けるのかを話し合うことになります。これは「遺産分割協議」と呼ばれています。この時、気をつけるべき点は、相続人全員の合意がないと成立しないということです。勝手に「あの人とは縁を切った」などと除外することはできないのです。

相続人の範囲についても、民法で定められています。まず、配偶者は相続人となれます。他の相続人が誰であっても必ず、です。しかしながら、相続において配偶者とは戸籍上の配偶者を指します。このへんが年金などと違うところで、長年生計を同じくしていたとしても、相続人としては認められません。

一方で、配偶者以外の相続人については順位があり、第1順位から第3順位まで設定されています。第1順位が子どもや孫など下の世代となります。第2順位が親や祖父母など上の世代となります。そして、第3順位が兄弟や姉妹です。おひとりさまの相続においては、この第3順位である兄弟や姉妹が相続人となることがとても多いです。

もし、第3順位である兄弟や姉妹が先に亡くなっている場合、「代襲相続《だいしゅう》」といって、その子どもである甥や姪が相続人となります。甥や姪が相続人となるケースも増えてきています。

もし、おひとりさまに甥や姪がいなければ、相続人が誰もいないことになります。「国に行く」といわれるパターンです（正式には「国庫帰属《こっこきぞく》」と呼ばれます）。

その点、遺言があれば遺言に沿って相続を行うので、遺産分割を経る必要はありません。指定された人や遺言執行者が手続きを行うことになります。

相続人は第3順位である兄弟や姉妹、あるいは甥や姪まで、とお伝えしました。それら以外の親族に自分の財産を遺したい場合は、遺言が必要ということになります。親族でなく慈善団体などに遺す場合も遺言を活用します。

実際の相続手続きは、戸籍を集め、遺産分割協議書を作成する、あるいは遺言を使用して行うことになります。銀行口座が遺っていれば銀行で、有価証券があれば証券会社で、不動産があれば法務局でといったように、各機関でそれぞれ相続手続きを行っていきます。

身内でない人に遺産を譲る人も増えている

突然ですが、〝600億円〟という数字、何だと思われますか?

これは相続人が不在で遺産を承継する人がおらず、国に納められた年間の総額です。この額は年々増加しており、相続人がいない相続がいかに増えているかを如実に表しています。

相続人不存在というのは、前項で見た法定相続人が1人もいない状態のことです。亡くなった時に配偶者はもちろん、子ども、親、兄弟や姉妹、そして甥・姪すらいないということです。

なかには相続人がいたにはいたが、何らかの事情で相続を拒否するケースもあります。「相続放棄」と呼ばれるものです。亡くなったことを知り、自分が相続人であると知った時から、3カ月以内に家庭裁判所に対し申し出を行い、認められれば本来の相続人から外れます。

ただ、相続放棄については、プラスの財産より負債のほうが多い、処分に困る不動産があるといった特別な事情がある際に行われることがほとんどです。

とすると、先の600億円という数字の内訳の多くは、初めから相続人がいないおひとりさまが遺した財産が大部分を占めると推察されます。

実際のところ、おひとりさまであっても、自分が遺した財産を積極的に国に納めたいと希望する人は少ないように感じます。これまで実務を行ってきた中でも、何かしら自分が希望する人や団体に遺したいと考えている方はたくさんおられます。

問題は、特定の人や団体を指定できるかということにかかっています。どのような団体がいいかなど、こちらからアドバイスはできますが、結局は本人しか決定し得ないことなのです。

自分の希望を叶えるために遺言というしっかりした形を遺しておくのか、結局、手をつけられないまま終わってしまうのかで、その後の流れが大きく変わってきます。

相続人がいない、あるいは相続人以外の人や団体に遺したいという思いがあるなら、この章のテーマとなっている遺言を作成することになります。遺言があれば、相続人以外の人に遺産を渡すことができますし、国庫帰属を回避することができます。

おひとりさまにとって、遺言は自分の希望を叶えるための最大の相続ツールだといっても過言ではないでしょう。

最近では、相続人でない人や団体に遺産を遺す「遺贈」を選択する人が増えているようです。

今、この本を執筆中も、筆者が遺言執行者として公益団体に遺贈する業務に当たっています。守秘義務の関係で詳細はお伝えできませんが、子どもを支援するための公益財団が遺贈の対象となっています。

国庫は嫌だと言いつつも、なかなか遺贈先を決められない方もいらっしゃいます。また、遺贈先に指定したいと思った相手が受け入れをしていないということがあるのも事実です。

[公正証書遺言(遺贈)]

令和[redacted]年第[redacted]号

遺言公正証書

本公証人は、遺言者[redacted]の嘱託により、証人[redacted]、証人[redacted]の立会をもって、次の遺言の口述を筆記し、この証書を作成する。

第1条　遺言者は、次の財産を含め遺言者の有する一切の財産を換価し、その換価金から遺言者の医療費、公租公課、葬儀及び納骨の費用、契約費用、登記費用その他遺言の執行に関する費用（遺言執行者に対する報酬を含む。）等の遺言者が負担すべき一切の債務を控除した残金全額を、公益財団法人[redacted]（会社法人等番号.[redacted]、主たる事務所・[redacted]）に遺贈する。

(1)　不動産

①　所　在　[redacted]

地　番　[redacted]

地　目　[redacted]

地　積　[redacted]

②　所　在　[redacted]

[redacted]法務局管内公証人役場

筆者の依頼者の1人にも、ある自治体に遺贈することを望んだものの、事前に問い合わせると遺贈は受け付けていないということがありました。その時は市立病院を遺贈先にしてはどうかと提案されました。

このように、無事に遺贈先を決めたとしても受け付けないところもあるので、事前に確認しておいたほうがいいでしょう。

「国庫は嫌だが、どこに遺贈したいか思いつかない」という場合は、幼少期からこれまでの自分の人生を振り返ってみるといいでしょう。余裕があれば自分史を書いてみると、遺言の参考になると思います。

子どもの頃に交通事故に遭い大変な思いをした、奨学金で学校を卒業した、この趣味のおかげで充実した時間を過ごすことができている……など、過去や今の生活を振り返れば、いろいろな思いが込み上げてくるものです。そうして今度は、未来につながる遺言を作成すれば、自分の資産は生きた財産となります。

おひとりさまが社会に貢献できることはたくさんあるのです。

相続の手続きをスムーズにするためにできること

ここまで、ひとり終活で必ず遺しておきたい遺言について見てきました。おひとりさまにとって、遺言は〝マスト〟だとご理解いただけたでしょうか。

遺言は相続が起こってから使用することになります。相続手続きをスムーズに進めるための手段となるのです。

相続手続きを円滑に進めるために、ひとり終活でやっておきたいことは、遺言以外にもあります。

やはり、まずは相続人を確定しておくことがとても重要です。通常は相続が実際に起こってから戸籍を集めるなどして、相続関係を確認していきます。相続では戸籍が必要書類となるので、必然的に相続人の確認作業が行われることになります。

ただ、相続が起こってから相続人を確定すると、落とし穴にはまることがあります。実際に思っていた相続関係と異なるということがあり得るのです。

これまで見てきたように、子どもがいない夫婦の一方に付き合いのない兄弟や姉妹がいたり、本人が養子で実の親との間に血のつながった兄弟がいたり、と予想が覆《くつがえ》ることがないとも限らないのが相続です。先入観を持つことは危ういと思っていたほうがいいでしょう。

次に、財産関係の洗い出しです。相続が起こった時、いったいどこに、どれくらいの財産があるのかわからないことが往々にしてあります。最後まで通帳が見つからなかったケースも珍しくありません。

スムーズな承継には、やはり財産目録を作っておくなどの準備が必要です。遺された人が調査に時間や労力を取られないよう配慮したいものです。

なかには、財産の額まで知られたくないという方もいるでしょう。金額まで書きとめておく必要はないにしても、取引先銀行名や口座番号、取引先証券会社や口座番号、不動産の所在や地番・家屋番号くらいは最低限わかるようにしておくと、遺された人はとても助かります。

遺産は何も預貯金などのプラスの財産だけとは限りません。銀行からの借り入れも相続

［財産目録を作成する際に必要な内容］

預貯金

金融機関名　／　支店名　／　店番　／　種類　／　口座番号　／　残高　／　最終記帳日　／　通帳の有無　／　口座凍結の有無

不動産（土地）

所在　／　地番　／　地目　／　地積　／　現状、持分等

不動産（建物）

所在　／　家屋番号　／　種類　／　床面積　／　現状、持分等

*地番や家屋番号といった物件情報は、固定資産税等の納税通知書、固定資産税評価証明書、権利証・登記識別情報通知書、不動産購入時の契約書で確認できる。不動産の情報を正確に把握するためには、これらの書類を参考に登記簿を取得する。

保険

保険会社名　／　種類　／　証券番号　／　保険金額　／　契約者　／　受取人　／　連絡先　／　担当者　／　解約日または変更日　／　還付金の有無

の対象となります。アパートなどの収益物件があれば、高額のローンが残っている可能性があります。引き継ぐ人に収支や管理状況を伝えておく必要があります。

宝石などの動産についても注意しておきたいところです。形見分けとして誰かに引き継いでほしいのであれば、それもわかるようにしておきましょう。

財産ではないですが、お墓についても記録や資料を遺しておくことが求められます。今のお墓には誰が入っているのかなど、当人でなければわかりにくいものです。それを伝えるとともに、お墓は所有なのか、管理料を払っているのかなどの情報を遺しておきましょう。

相続が起こった際、手続きを行う人は、基本的に相続人となります。例えば、亡くなった人に配偶者や兄弟姉妹がおらず甥や姪だけとなれば、その甥や姪が相続手続きを行う立場となります。相続人であれば、銀行に残高証明書を請求したり、役所で不動産に関する固定資産税の評価証明書を取得したりすることができます。

遺言があれば、遺言で財産を受け取ることになっている人が手続きを行います。遺言で遺言執行者が指定されていれば、執行者が手続きを行うことになります。

相続人もおらず、遺言も遺っていない場合はどうでしょう。この場合は、誰も相続手続きに手をつけられない状態と言えます。そこで相続手続きを進めるために、「相続財産清算人」という代理人を家庭裁判所に選任してもらうことになります。債権者などの利害関係人であれば、選任を申立てることができます。通常、相続財産清算人には弁護士や司法書士などが選任されます。

繰り返しになりますが、亡くなってから行うべきことは山ほどあります。〝あとは野となれ山となれ〟では、遺された人に大きな負担を強いることになります。

自分の人生をきれいな形で完成するために、1人ひとりの主体的な対応が今、求められています。

この章を含め、本書で出てきたことを少しでも実践していただけたら幸いです。不安が安心に変わり、しなやかに生きられるおひとりさまとなることでしょう。

もちろん、いろいろと調べたり準備するのは大変かもしれません。でも、「大変」とは「大きく変わる」と読むこともできます。

自分を取り巻く状況をいい方向に変え、これからの人生を謳歌《おうか》しましょう！

おわりに

ここまでお読みくださり、ありがとうございました。

本書では、おもに〝残念な終活〟について触れてきましたが、これらを読んでしまうと、身につまされたり、おひとりさまに立ちはだかる壁の高さを痛感したりして、落ち込んでしまう方もいらっしゃるかもしれません。

しかし、こうした〝残念な終活〟がある一方で、ひとり終活がうまくいき、安心して老後を過ごしている方もたくさんいらっしゃいます。

Kさん（87歳、女性）もその1人です。少し物忘れが進んでいますが、本人の希望もあり、自宅で1人暮らしをしています。

高齢のおひとりさまの1人暮らしには、さまざまな危険が潜んでいます。栄養面、衛生面、金銭管理面などさまざまな角度からリスクが浮かび上がります。年齢が高ければ高いほど、否が応でも孤独死という言葉が現実味を帯びてしまいます。

Ｋさんには身近な親族もおらず、近隣にも空き家が多くなっています。現状を考えると、第三者との接点がなければ、完全に孤立していた可能性があります。Ｋさん自身も他者と積極的に関わろうとするタイプではありません。

ではなぜ、Ｋさんは安心してひとり老後を過ごせているのでしょうか？

そこには、自分が亡きあとの妻の生活を心配した夫の準備がありました。夫が生前、法律家のもとに相談に行っていたのです。

「家のことはすべて自分がしてきた。自分たち夫婦をサポートする態勢を一緒に考えてほしい」というものでした。

いろいろと検討した結果、頼れる親族がいないため、「見守り契約」「財産管理等委任契約」「任意後見契約」「死後事務委任契約」を準備しました。「遺言」についても残しておきたいとのことで、遺言も夫婦それぞれ作成しました。

夫が予想していた通り、夫のほうが先に亡くなってしまいました。しかし、夫が亡くなるまでの間に、見守り契約を通して信頼関係を築くことができていました。それぞれの想いを元気なうちから把握することにつながっていたのです。

実は頼りにしていた夫が亡くなった時、Kさんはかなりパニックに陥っていました。恐らく1人では葬儀の手配などをすることは難しかったでしょう。事前の準備があったため、周りのサポートを受けながら、夫の葬儀や死後事務、それに相続手続きを進めることができました。

そして、おひとりさまとなったKさん。現在は、Kさんの希望を極力叶えることができるよう、支援を受けています。

見守りを行うことで、ゴミ出しができていないことがわかりました。また、食事もうどんばかりで栄養状態が芳しくない状況を把握することができました。

そこで、ケアマネージャーやヘルパーに入ってもらい、生活を支えてもらっています。

気丈なKさんは、「自分で何でもできるのよ」とは言いますが、少しずつ周りを受け入れるようになっています。いろいろな方のサポートで平穏に暮らせている現実があります。

何より、Kさんが将来困らないようにと亡夫が元気なうちに準備をしていたことを忘れるわけにはいきません。

やはり「ひとり終活は備えが9割」なのです。

ところで、本書では司法書士としての立場から、ひとり終活についてお話ししてきましたが、私はそれ以外に「一般社団法人　全国龍馬社中」という組織の役員も務めております。全国龍馬社中は、世界各地にある「龍馬会」のネットワーク組織です。

龍馬会は文字通り坂本龍馬を顕彰する団体で、龍馬の志を次代に伝えていくことを目的に活動しています。そして、毎年世界大会が開催され、全国各地、いや世界中から龍馬を慕う人たちが集まります。龍馬の故郷である高知県を中心に、隔年で高知県以外の都市でも開催され、現在は「全国龍馬ファンの集い」から「龍馬Ｗｏｒｌｄ」へと、大会名もバージョンアップしています。

本書を執筆した２０２３年は、「第35回龍馬Ｗｏｒｌｄ　ｉｎ　四万十《しまんと》　今一度、四万十川にてせんたくいたし候《そうろう》」と題して、初めて高知県四万十市で開催されました。

四万十市は、最後の清流と呼ばれる全長１９６㎞の四万十川で有名です。四万十川にかかる沈下橋《ちんかばし》は観光名所の１つとなっており、アニメ映画『竜とそばかすの姫』の舞台のモデルとなったといわれています。

そんな四万十市で開催された「龍馬Ｗｏｒｌｄ」に、筆者も北九州龍馬会の会長として参加してきました。当日、会場の周りには至るところに龍馬がいました……（笑）。

大会の基調講演には、『ＨＥＲＯ』『海猿』『ガリレオ』など数々の人気シリーズの脚本を手掛けられた脚本家の福田靖《ふくだやすし》さんが登壇されました。龍馬関連では、ＮＨＫ大河ドラマ『龍馬伝』の脚本を担当されていらっしゃいます。

講演では、当初はプロデューサーからまだ大河ドラマになっていなかった卑弥呼や平清盛を主人公にすることを提案されたこと、そこから龍馬を描くという話に変わり、福山雅治《ふくやままさはる》さんにアプローチしたこと、高知や長崎などゆかりの地を秘密裏に取材したことなど、大変興味深いお話をお伺いすることができました。

そして印象に残っているのが、司馬遼太郎《しばりょうたろう》の『竜馬がゆく』という絶対的な龍馬像がある中で、新たな龍馬を描くことに対するプレッシャーや葛藤《かっとう》について語られたことでした。いかにしてオリジナルの作品を創れるか、自分の殻を打ち破るための挑戦だったそうです。

福田さんは、当初は1年間という長い放送期間のストーリーを書けるか心配していましたが、無事に完走し、新たな可能性を見出すことができたそうです。やはり「まずはやってみることが次につながっていく」ということを教えていただきました。

これは、本書で触れてきた、ひとり終活についても言えるのではないでしょうか？

確かに何もしないことは、ある意味一番楽かもしれません。

しかしながら、まずはやってみる、小さなことから挑戦してみることで、何らかの成果を得ることができるはずです。

一歩踏み出すことで道は広がるのです。そこには新しい出会いが待っているかもしれません。

誰もが自分の人生の脚本を、自分自身の手で書くことができるよう、本書を役立てていただければ、筆者としてこんなに嬉しいことはありません。

青春新書
INTELLIGENCE

こころ涌き立つ「知」の冒険

いまを生きる

"青春新書"は昭和三一年に——若い日に常にあなたの心の友として、その糧となり実になる多様な知恵が、生きる指標として勇気と力になり、すぐに役立つ——をモットーに創刊された。

そして昭和三八年、新しい時代の気運の中で、新書"プレイブックス"にその役目のバトンを渡した。「人生を自由自在に活動《プレイ》する」のキャッチコピーのもと——すべてのうっ積を吹きとばし、自由闊達な活動力を培養し、勇気と自信を生み出す最も楽しいシリーズ——となった。

いまや、私たちはバブル経済崩壊後の混沌とした価値観のただ中にいる。その価値観は常に未曾有の変貌を見せ、社会は少子高齢化し、地球規模の環境問題等は解決の兆しを見せない。私たちはあらゆる不安と懐疑に対峙している。

本シリーズ"青春新書インテリジェンス"はまさに、この時代の欲求によってプレイブックスから分化・刊行された。それは即ち、「心の中に自らの青春の輝きを失わない旺盛な知力、活力への欲求」に他ならない。応えるべきキャッチコピーは「こころ涌き立つ"知"の冒険」である。

予測のつかない時代にあって、一人ひとりの足元を照らし出すシリーズでありたいと願う。青春出版社は本年創業五〇周年を迎えた。これはひとえに長年に亘る多くの読者の熱いご支持の賜物である。社員一同深く感謝し、より一層世の中に希望と勇気の明るい光を放つ書籍を出版すべく、鋭意志すものである。

平成一七年　　刊行者　小澤源太郎

著者紹介
岡　信太郎〈おか しんたろう〉
北九州市出身。司法書士、合気道指導者、坂本龍馬研究家。関西学院大学卒業後、司法書士のぞみ総合事務所を開設。政令指定都市の中で高齢化が進む北九州市で、相続・遺言・成年後見業務を多数扱う。介護施設の顧問を務め、連日幅広い層から老後の法的サポートに関する相談を受けている。合気道の調和と護身の精神を取り入れた執務姿勢で、依頼者の厚い信頼を得る。司法書士業務の他に、全国龍馬社中（全国・世界各地の190団体以上の龍馬会が所属）の役員や、合気道祥平塾小倉北道場の代表（公益財団法人合気会 合気道四段）を務める。おもな著書に『財産消滅』（ポプラ社）、『子どもなくても老後安心読本』（朝日新聞出版）などがある。

著者エージェント　アップルシード・エージェンシー

「ひとり終活《しゅうかつ》」は備えが9割《わり》　青春新書 INTELLIGENCE

2024年2月15日　第1刷

著者　岡《おか》　信太郎《しんたろう》

発行者　小澤源太郎

責任編集　株式会社プライム涌光
電話　編集部　03(3203)2850

発行所　東京都新宿区若松町12番1号 〒162-0056　株式会社青春出版社
電話　営業部　03(3207)1916　振替番号　00190-7-98602

印刷・中央精版印刷　製本・ナショナル製本

ISBN978-4-413-04688-6